本书为广东省高等教育教学研究和改革项目“核心素养视域下师范生培养课程体系构建与实践”研究成果之一

本书得到韩山师范学院教育学院重点学科建设经费资助

历练

一名老教师成长史分享

王 建 著

中国纺织出版社有限公司

内 容 提 要

本书是一位从教三十余年的老教师，以其个人的成长经历为主线，分享其对师范生成长、教书育人的心得与体会。

全书通过师范生核心素养要素及个案研究意义，成长历程及求学，我眼中的教师核心素养，国际视野，执着前行五个方面分析自己的成长，找到目前师范生培养课程建设的不足，其中有对作者自己从教三十余年的经验总结，也有作者自己曾走过的弯路、遇到的师长等，能对师范生成长为合格的人民教师提供一些力所能及的支持和帮助。

图书在版编目（CIP）数据

历练 ：一名老教师成长史分享 / 王建著 .-- 北京：中国纺织出版社有限公司 ,2022.3

ISBN 978-7-5180-9320-5

Ⅰ . ①历… Ⅱ . ①王… Ⅲ . ①师范教育—研究 Ⅳ . ① G65

中国版本图书馆 CIP 数据核字 (2022) 第 018057 号

责任编辑：刘桐妍　　责任校对：高　涵　　责任印制：储志伟

中国纺织出版社有限公司出版发行

地址：北京市朝阳区百子湾东里 A407 号楼　邮政编码：100124

销售电话：010—67004422　传真：010—87155801

http://www.c-textilep.com

中国纺织出版社天猫旗舰店

官方微博 http://weibo.com/2119887771

三河市延风印装有限公司印刷　　各地新华书店经销

2022 年 3 月第 1 版第 1 次印刷

开本：710 × 1000　1/16　印张：10.75

字数：200 千字　定价：88.00 元

凡购本书，如有缺页、倒页、脱页，由本社图书营销中心调换

目　录

序 一

我与王建教授相识在美丽的湘子桥畔，2018 年王教授作为我院引进人才来到美丽的韩山师范学院任教。来韩师工作这几年，王教授工作兢兢业业，在教学和科研方面都取得了丰硕的成果，实现了他本人预期的“五个一”设想，即一篇 A 刊，一本专著，一个课题，一节好课，一心一意为学生。教学效果获得了广大师生的一致好评。

王教授既有基础教育工作经历，又有丰富的高等教育经验。这本专著通过王教授个人从教三十多年的经历，描述了一名师范生成长的过程，介绍了一位成熟的老教师所具备的自身核心要素。借此和所有的师范学生分享，期待他们从一名老教师的个案研究中有所收益。本书第一章介绍了师范生核心素养要素及个案研究意义。分别从核心素养概念的由来、核心素养与师范生培养要素的关系、个案研究的意义三个方面概述师范生培养核心要素，以及作为个案研究的个体成长经验的意义。第二章介绍成长历程及求学。从出生与家庭、中学生活、大学时代 、硕博求学、从教工作五个部分分析个体成长过程中不同阶段的优秀教师对王教授的影响。第三章介绍我眼中的教师核心素养。这是本书的重中之重。概括了王教授眼中的教师核心素养，从职业素养（师德师风、学会学习、文化传承、生涯规划）、专业素质（教育理论、学科知识、表达交往、管理能力、心理素质）、实践技能（引导能力、见实习能力、反思能力、研究能力、信息技术能力、创新能力）三个方面加以分析研究，并通过王教授自身成长的真实案例来提供教师核心素养的佐证。第四章介绍国际视野。主要是从王教授自身经历考虑，进一步深化国际视野对教师成长的意义。

主要包括课程建设、包容文化、双语能力和友谊之花四个方面。第五章介绍执着前行。从王教授自己的过往成绩和对师范生成长的建议两个方面分析自身的成长，找到目前师范生培养课程建设的不足，期待自己的经验可以为师范生成长为合格的人民教师提供一些力所能及的支持和帮助。

本书最大的特点：真实性、可读性、独创性、效用性。真实性：所有的研究案例都来自王教授个人成长的真实经历，对案例的分析研究乃至反思，都真实地再现了个体成长的历程，包含了王教授自身的相关教育和教学思想。可读性：有关教师核心素养要素分析来源于王教授个人成长经历经验分享，理论的案例分析都是自己成长经历的真实个案，言简意赅，深入浅出。独创性：本书的观点、案例、架构都是王教授自身成长经历的解读，不具有复制性。效用性：本书可以给未来的人民教师（在读师范生）提供一些相关的成长经验，也可以作为在职新教师成长经验的分享读物，具有较好的社会价值。

2014 年 9 月，习近平同北京师范大学师生代表座谈时曾指出：好老师应该懂得，选择当老师就选择了责任，就要尽到教书育人、立德树人的责任，并把这种责任体现到平凡、普通、细微的教学管理之中。

王教授正是以自己三十多年的从教经历践行了这种责任和担当，他的这本力作自然朴实地诠释了一名中国式的人民教师应该如何成长，如何奉献，并在实践中成就自己的理想和人生。真诚地期待这本书可以给未来的人民教师更多的借鉴，使我们师范院校毕业生的质量更上一个台阶！

是为序。

韩山师范学院教育学院院长：王贵林

2021 年 11 月

序二

2018年我调动到广东省韩山师范学院教育学院工作，其时我已年过五十。像我这个年纪且工作超三十载的老教师，能下决心远离故乡，来到这个改革开放前沿的学校任教，其实是我自身内心有着一种难以割舍的广东情结，也许就是早年在广东工作过的缘故吧，在这样的年纪，我毅然决然地选择南下，独自一人来到这熟悉又陌生的土地上。

我是一个眼中揉不得沙子的人，多年来形成的既定的思维惯性让我觉得不能沉默、消沉。刚好2015年我顺利地取得了博士学位，2016年又通过了安徽省高校教授职称评审，属于我主观努力的一切条件都已具备，从2016年开始我就着手准备寻找新的平台。2016年下半年我参加了深圳龙华区教育局相关教研员招考，当时主要是考虑基础教育我比较熟悉，加上教研员这个工作刚好切合我的博士研究方向，所以就毅然决然地去了深圳龙华区参加考试。在这里我要真心地为深圳速度点个赞，从考试到出成绩一共就用了两周时间，这样的速度应该是相当不易了！很荣幸我在两个面试者中脱颖而出，最终接到了龙华区教育局的外调通知。于是我将这个消息第一时间告知我原单位的领导，领导终究考虑深远，委婉地和我说外调概不接待，这无疑就是宣告不让我离开。其实我感恩于相关领导的推荐和知遇之恩，最终还是放弃了去深圳的计划……

人就是这么奇怪的生物，一旦有了想法，想要终结想法就会非常困难。加上当时工作环境有点不尽如人意，我还是继续做着重新寻找平台的梦，远离那样的环境其实更多的是为了证明自己。2017年我又投递材料给浙江湖州的湖州师范学院。

其时该校正在申报硕士学位点，急需我这样的学科教师。我有幸认识了这个学校的文学院院长，也是安徽人，我们相见后交谈甚欢，大有相识恨晚之感。于是我内心基本上确定去湖州师范学院这所美丽的浙江高校。事情就是这么瞬间千差万变，在等待湖州师范学院公示的日子里，我又抱着试一试的心态将材料投给广东韩山师范学院，主要是早年我在广东工作过，喜欢那里的风格和氛围，或者说广东也可以算是自己的第二故乡吧。没想到竟是这次试一试的心态最终促成我来到广东韩山师范学院。也许这就是命运安排吧，湖州离家只有两个小时车程，而现在却离家千里之外，飞机直飞尚需两个小时……

2018 年 8 月我来到韩山师范学院工作，那一段时间学院正面临教育部教学评估，为了表示我积极的工作态度，我在暑假尚未结束、调动批文尚未下达的情况下，就义无反顾来到学院，甚至连整个 9 月份工资都是由原单位支付的。我理解原单位的意思，但木已成舟，开弓没有回头箭，我还是选择远离故土，来到这片陌生且熟悉的热土。那段时间，韩山师范学院的所有教职员工都处于高度紧张状态，为了教育部评估，全校上下倍加努力，终于顺利过关。或许那个阶段正是韩山师范学院发展的拐点，新来的幸小涛书记思想先进、高瞻远瞩，引进了一批教授、博士，为韩山师范学院这个百年老校注入了新鲜血液，才得以让韩山师范学院在“冲一流、补短板、强特色”的号召下有所建树。本着对得住学院的引进人才称谓，抑或也是知识分子那么一点点自尊心，我于 2019 年下半年申报了广东省高等学校教育改革课题。没曾想申报的课题《核心素养视域下师范生培养课程体系构建与实践》脱颖而出，顺利立项省级课题。这是我来广东韩山师范学院工作主持的第一个课题，教育部联合五部门已于 2018 年 2 月联合下发了《教师教育振兴行动计划（2018—2022 年）》的通知，明确按照国民经济和社会发展第十三个五年规划纲要及国家教育事业发展“十三五”规划工作要求，采取切实措施做强做优教师教育，推动教师教育改革发展，全面提升教师素质能力，努力建设一支高素质专业化创新型教师队伍。同时，作为改革开放前沿的广东省更是提出“新师范”建设实施方案，强调构建注重协同育人、创新能力和实践能力的教育新模式，努力办好一批高水平、有特色的师范院校和师范类专业，形成在全国具有影响力的教师教育广东新模式。我从事教师职业已有三十多年，加上一直以来从本科到硕士再到博士都是在师范大学就读，深切地感受到师范教育的重要性，也迫切希望通过自身努力寻求一条师范生培养的最佳途径并分享自己成长的相关经验。

最初，我是想通过个案研究来总结一名教师（好教师）的成功经验，通过这样的个案研究未必能找出适合所有师范生成长的建议和要求，但个案研究至少可以发现一些值得借鉴的途径和经验。于是，我选择了我大学时期一个同学，其时她正在江苏南通如东县执教高中语文。因为她的不懈努力，在当地语文界还是颇有名气的，而且还成为了当地的语文学科带头人。2019 年寒假，我和夫人利用假期专门去如东拜访了这位阔别已久的大学同学。同学相当热情，请来了教育局领导和学校一些教师，大家在一起围绕课题做了一次深入交流，我也向各位在座的领导和老师们表达了我想研究我的同学成长经历的想法，大家纷纷表示愿意配合我做好后续工作。承载着满满的收获我回到家乡马鞍山，本来以为按部就班可以顺利拿到第一手材料，静下心来认真研究我这位大学同学成长的经历，可事与愿违，一场突如其来的疫情席卷全国，被迫延迟我的一系列调查研究计划。要知道，实地调研要远远超出网络互通交流。在这样一个无法改变的现实情况下，我被迫改变了研究方案，心想就从自己着手，总结一下自己从教三十多年的成长经历，这样研究资料的来源不是更为方便、真实吗。于是，我在疫情稍微平缓返校任教的第二学期，开始着手研究《历练：一名老教师成长史分享》。我的本意在于，通过我从教三十多年个人经历的一些经验和教训，找到一名师范生成长所需的一些核心要素，并借此和所有的年轻师范生们分享，期待他们从我的个案研究中有所收获。2020 年暑假开始，我就开始回忆这三十多年从教的经验和感悟，发现原来在尘封的记忆中居然还有那么多可爱且敬业的良师益友。慢慢打开记忆的盒子，我感受到那些曾经过往的恩师们的温度，真的体会到一名好的教师足以影响一个学生的一生！我在回忆中更坚信要用自己的笔记下那些曾使我受益匪浅的恩师和朋友。

三十多年的从教经历，庆幸遇见那么多良师益友。他们的师德和经验让我由一个懵懂未知的新手逐步成长为今天站稳讲台的教师。也许正是这些标杆的榜样力量，才照亮我前行的道路，让我在一次次迷惘中清醒地看到人生中最亮的光。写完这本回忆成长经历的个人成长经验史，我还有几年就将解甲归田、颐养天年，但记忆的长河中带走的是稀疏的泥土，留下的却是闪光而厚重的沙子。我想我可以摸着自己的胸口，坦然地说我对得起“人民教师”这个光荣而神圣的称谓。

但愿我的经历会给未来的人民教师提供些许的感悟，倘若真的能这样，我将十分欣慰！

王　建

2021 年 6 月于韩山师范学院研究生公寓

第一章
师范生核心素养要素及个案研究意义

一、核心素养概念的由来及相关研究

核心素养为当代世界所普遍重视，也是各国际组织与政府进行教育改革与课程改革密切关注的热点。虽然在“核心素养”具体表达方式上存在差异，但其思想上是共通的，都重视公民关键的、必要的、重要的素养，并强调是一个持续终身的学习过程。对“核心素养”与师范生培育课程建设的研究，有利于顺应教育改革的国际潮流和课程改革的世界发展趋势；有利于顺应新时代教师教育发展和培养合格的未来人民教师。

国外研究主要表现在联合国教科文组织、欧盟、经合组织等国际组织以及世界各个国家和地区都对以“素养”为核心的未来教学和课程给予了高度的关注，使得以核心素养推动教育和课程改革已经成为大势所趋。[1]其中经合组织 DeSeCo 项目（素养的界定与遴选：理论框架与概念基础）成为有关核心素养代表性的项目，并将核心素养界定为：个人实现自我、终身发展、融入主流社会和充分就业所必需的知识、技能及态度的集合。联合国教科文组织和美国著名智库机构布鲁金斯学会联合启动“学习指标专项任务”，征求全球500余名专家学者的意见，提出检测学生学习成果的7个维度，即：身体健康、社会情绪、文化艺术、文字沟通、学习方法与认知、数字与数学、科学与技术。欧盟在2005年发表《终身学习核心素养：欧洲参考架构》指出，“核心素养”是指一个人在知识社会中自我实现、社会融入，以及就业所需要的素养，其中包括知识、技能与态度。欧盟对核心素养的定位是在义务教育与培训阶段结束之前，年轻人应该具备的素养，以使他们能过好成年生活，并以此作为终身学习的基础。所不同的是，欧盟按照终身学习的观点，强调需将所有教育与培训系统及成人教育部门纳入其中，希望成年人在其整个生涯中不断地发展、维持与更新这些素养。美国的核心素养主要指所有学生或工作者都必须具备的能力，其发展目的在于培养具有21世纪工作技能及核心竞争能力的人，确保学生从学校所学的技能能够充分满足后续大学深造或社会就业的需求，成为21世纪称职的社会公民、员工及领导者。还有英国、法国、澳大利亚、德国也陆续出台

---

[1] 林崇德：《21世纪学生发展核心素养研究》，北京：北京师范大学出版社，2016年。

相关的核心素养文件。

国内有关核心素养的研究起步在2014年，由教育部颁布了《关于全面深化课程改革落实立德树人根本任务的意见》，把研究制定学生发展的核心素养作为首要环节，提出把核心素养作为研究学业质量标准、修订课程方案和课程标准的依据，用于统领课程改革的相关环节。林崇德先生主编的《21世纪学生发展核心素养研究》一书，从演变与共识、从国际视角下探寻核心素养、从传统文化中发掘核心素养、从现实需求中归纳核心素养、从现行课程标准中反思核心素养、对核心素养推行的实践探索六个方面对核心素养进行了研究。国内知网有关核心素养的文章比较多，有典型意义的文章主要有以下几个方面：

（1）借鉴国外经验的相关研究。例如，黄四林等在《学生发展核心素养研究的国际分析》(《中国教育学刊》2016年06期）分析了关于核心素养研究的时代背景，归纳核心素养的思路与方法的国际经验，比较了国际组织、世界主要国家和地区核心素养的指标体系与具体内容，并提出了我国学生发展核心素养的研究可借鉴整合性研究思路。再如，邵朝友等发表的《基于核心素养的课程标准研制：国际经验与启示》(《全求教育展望》2015年08期）指出，国际课程标准研制经验表明，学生核心素养与学科课程存在两种基本关系：一是每门学科课程都承担学生核心素养的培养任务；二是不同学科对学生核心素养有着不同的独特贡献。同时提出了转化学生核心素养为学科核心素养、依据学科核心素养重组学科的内容标准、选择适切的课程标准编排方式。

（2）对课程结合核心素养培养目标的研究。例如，辛涛等在《基于学生素养的课程体系建构》(《北京师范大学学报》2014年01期）提出了构建基于核心素养的课程体系应至少包含具体化的教学目标、内容标准、教学建议和质量标准四个部分。再如，陶西平的《21世纪课程议程：背景、内涵与策略》(《比较教育研究》2016年02期）明确了21世纪课程改革要认清国家文化、价值观的重要性，促进教与学齐头并进，构建整体综合的课程框架，正确处理教育的卓越度、公平度和包容度，以及注重推进教育信息化等新的发展趋势，在认识和借鉴国际课程教学改革及其经验的基础上，推动我国课程改革的积极稳步进行，提高学生在国际社会中的核心竞争力。此外，乔丽军的《核心素养提出的重要价值、基本前提与培养的当前使命》(《河北师范大学学报》教育科学版 2016 年 09 期）指出需要建构一体化的课程研究机制，统筹课程建设的全局，需要落实各个学科的核心素养培养，需要其基本理论前提、现实依据、政策支持和经验参照。夏雪梅的《基于学生核心素养的学校课程建设：水平划分与干预实例》(《课程・教材・教法》2013 年 07 期）以学生核心素养与课程关联一致性作为划分标准，将当前的学校课程分为六种水平，提出了构建实质关联的学校课程路径。

（3）国内有关核心素养课程建设研究倾向于基础教育课程研究较多。例如，李晓军的《核心素养：技术本科院校通识教育的新走向》(《教育发展研究》2014 年 17 期）提出了应秉承动态平衡的理念，采取“混合式”教学模式积极构建以核心素养为通识教育的新目标。此外，刘佳和李颖的《高职高专学生职业素养体系构建的设想》、刘珍杰的《高职高专职业发展与就业指导课程建设与改革》及刘高远的《高职学生人文素质的构建与评价》，分别从不同的角度研究了高职高专学生培养的相关课程建设。

（4）国内把核心素养与师范生培养课程建设体系结合起来研究的为数不多。主要有代表性的文献有：有叶菊艳的《各国教师教育取向及其核心素养主张》(《人民教育》2016 年 23 期）和肖凤祥、张明雪的《教育情怀：现代教师的核心素养》(《河北师范大学学报》2018 年 5 期）。前者分别从有效教学能力、处理关系能力、促进社会发展能力提出教师核心素养的取向；后者则从师德情怀、人文精神、自我关怀三个方面指出现代教师的核心素养。微观上研究核心素养和师范生培养课程体系建设的文献相对较少，有代表性的文献有：朱桂琴的《核心素养视域下的师范生实践教学变革》(《教育发展研究》2017 年 12 期）从重构课程体系、焕发生命活力以及联结学习资源三个方面指出师范生实践教学变革；柯勤飞、张益的《基于 SCIL 核心能力素养的教师教育模式改革探索》(《教育发展研究》2017 年 20 期）试图从 2S（自主学习和自主发展能力）、4C（独立思考与批判性思维、创新性解决问题、沟通交流和团队合作能力）、2I（国际素养、信息素养）以及 1L（领导力素养）四个方面构建新型师范生培养课程体系。除此之外，周颖华、陈飞的《基于核心素养的教师培养模式：挑战与转型》(《教育理论与实践》2017 年 14 期），简文艳的《核心素养与全科师范生终身学习思考》(《中国成人教育》2017 年 6 期)及程明喜、马云鹏的《聚焦学生核心素养的新时期我国教师培训课程建设的新定位》(《现代教育管理》2018 年 8 期)都对核心素养视域下的师范生培养、培训课程体系提出了建设性主张。

(5)总体上关注对我国国民和学生核心素养的研究。褚宏启的《国民核心素养清单与重点》(《中小学管理》2016 年 06 期)罗列了创新能力、批判性思维、合作能力、交流能力、信息素养及自我管理能力六个方面“新六艺”。同时,褚宏启、张咏梅等在《我国学生的核心素养及其培育》中指出我国应根据人的发展与社会发展的要求确定核心素养,突出“关键少数”素养,并将核心素养具体化为针对不同学段学生的具体素质发展的阶段性要求。

二、核心素养与师范生培养要素的关系

依据华东师范大学丁钢教授著的《中国高等师范院校师范生培养状况调查与政策分析报告》(华东师范大学出版社 2014 年 5 月第一版)主要发现:师范生培养方案中教育类课程学分与比例相对较低,教育实践类课程的学分数占教育类课程的比例较高,各师范院校选修课程学分差异较大;师范院校的教育类课程改革受到重视,但师范生对此的重视和投入程度比学科专业类课程要低;师范生培养中,教育类课程种类与范围有很大拓展,但实践性还须加强,同时,不同课程或活动对师范生知识和能力培养的贡献率各不相同。由此我们认为,新时期师范生培养的课程体系重构迫在眉睫。

近年来,21 世纪核心素养的浪潮开始席卷全球,很多国家把培养 21 世纪核心素养作为国家发展的前瞻性战略问题,纷纷从各国及公民发展需求的角度,提出了一批各具特色的核心素养框架和体系。例如,美国于 2002 年正式启动 21 世纪核心素养研究项目,旨在促进美国教育系统能够培养出具备适应时代挑战的知识与技能的学生;法国颁布《共同基础法令》,核心素养被规定为当今关键知识的组合;英国则在 2003 年发布《21 世纪核心素养——实现潜力》,对高中生应该掌握的核心素养进行了详细的界定。我国在 2014 年由教育部颁布了《关于全面深化课程改革

落实立德树人根本任务的意见》，把研究制定学生发展的核心素养作为首要环节，提出把核心素养作为研究学业质量标准、修订课程方案和课程标准的依据，用于统领课程改革的相关环节。因此，如何结合“核心素养”这一概念并进一步延伸至师范生培养课程建设体系也就成为一项有意义的研究尝试。

本研究旨在结合核心素养这一关键概念，重构师范生核心素养体系建设，努力为未来打造一批适应时代发展，担得起未来人民教师这一称谓的合格师范生。

三、本研究的意义

本着着实提高师范生培养技能和促进师范生尽早成熟且胜任未来教师的职业，笔者从个案着手，从自身出发，想通过自己从教三十多年来的经验，努力寻觅出一条适合师范生从教及发展的路径，开诚布公，极尽所能。倘若真的能够为广大年轻的准教师提供些许帮助，也就达到了本研究的终极目标。

第二章
成长历程及求学

一、出生、家庭

我出生在一个城镇职工家庭，父母皆是一个县城国营工厂的工薪阶层。那个时代，每个家庭都是好几个孩子，我家也不例外。年幼的我是在一个厂区的环境下生长的，儿时的小伙伴三五成群，结伴玩耍，充满了童趣。厂区背靠大山，记忆中最深的当属儿时伙伴们一同上山嬉戏，采蘑菇、掏鸟窝、“打游击”，所有的游戏促成我形成了同伴合作关系的雏形。老实说，少小的我从没有过将来做老师的理想，更多的是将来做个优秀的解放军战士！原因是父辈是抗美援朝的老战士，或许血脉里边就有崇拜军人的基因。

家里有四个孩子，我是老小，上边是三个姐姐。据说从小我都是被父母惯着的，这个方面可以从我小时候参加文艺表演必然都有一个姐姐跟随得以佐证。小学时代我经历了村小至县小的过渡，印象最深的是村小每周三下午的劳动教育。那时候村小为了给村里做些贡献且又能减免学生的学杂费、书本费，周三下午课外活动时间都会安排学生在学校的小山旁锤小石子，我记得那时干劲十足，一学期下来，自己锤的小石子堆成了一座小山，看着自己的劳动成果，心情别提多高兴了。小学里给我印象最深的是县小的郭一飞老师，我是四年级转学至她的班级的。郭老师当时三十来岁，短发精干，不苟言笑，巧的是她女儿也和我们在同一个班级，她的丈夫戴老师还是那所小学的副校长，但郭老师从来不搞特权，我们这些孩子就是她的孩子！小学时我还是很优秀的，当时粗略地算一下，一共拿过 13 张学校奖状，“三好学生”“优秀少先队”对我来说简直就是家常便饭，我也因此在厂区成为同龄孩子们学习的榜样。也许正是在她的感召下，我幼小的心灵里充满了对教师的尊重和信赖，这为我以后选择教师这个职业打下了良好的心理基础。

二、中学生活

小学毕业后，我以优异的成绩考入县城重点中学——当涂一中，这是一所老牌的重点中学，初中时遇见的教师，印象最深的莫过于班主任秦毓玲老师。秦老师是上海人，那时候她不到30岁，居住在学校一幢类似于筒子楼的宿舍里。尽管后来她在我们读初三前调回了家乡上海，但她给我的影响却是非常深远的。记得那时候秦老师非常喜欢我，班上的同学们都戏称我是她的“干儿子”，其实大概因为我是她执教的历史课代表，和秦老师接触的时间多一些罢了。秦老师绝对是个充满爱心和细致的好老师，记得有一年暑假，回校后的我来老师的宿舍交作业，老师居然拿出一个航模送给我，说是她回上海专门带回来送给我的。20世纪80年代，对我这样一名小县城的中学生来说，航模简直就是高、大、上的感觉。虽然最终我也没学会如何使用这份精致的礼物，但秦老师的爱心让我终生难忘。还有一件事也让我倍感激动。记得那时候快临近考试了，我天性好动，在厂区和孩子们打篮球不小心扭伤了脚，在家静养了一个多月。待我一瘸一拐到学校上课时，秦老师在班会上带头为我捐款买了些补品，当我面对同学和老师的一片厚爱时，激动的心情久久无法平静。正是这样的老师，在我幼小的心灵里埋下了为人师表、勤于奉献的教师情怀。

中考后我以优异的成绩考入当涂一中高中部，我们那个时代，高中是需要预选才能就读的，所以能考上高中，在城镇户口里边应该还是一件了不起的事情。高中生活中对我影响最大的是语文老师徐力老师。记得徐老师教我们语文课的时候，他已经临近退休，虽然当时学校照顾他，只让他教我们一个班，但那时候大班教学，一个班怎么也有七八十人。中学语文老师最辛苦的工作莫过于批改作文。从小学到中学，很多语文老师都被批改作文折腾得够呛。粗略地计算一下一篇作文批改下来至少需要十到十五分钟，一个班七八十人，需要消耗的时间可想而知。徐老师年事虽高，但教学上一丝不苟，尤其是他批改作文，更是尽心尽力。记得徐老师改作文通常在评语的基础上，还附带上他独有的一枚印章，这个印章包括学生作文的内容、结构、语言、表达等几个方面内容（时间久远，我记忆中大概是这些），每次我们拿到作文本，看完评语，很清晰地了解到自己的作文存在哪些优势和不足，也便于我们及时在相关方面做出及时的更正。当时只是觉得这种改作文的印章应该是徐老师的独创，其实后来细想一下，每篇作文都是这样的批改，徐老师在那个年纪是付出了太多的时间和精力的！也许正是这种一丝不苟的工作热情，使我在日后的工作中从来不敢懈怠半步，因为一位老教师的身影会时常出现在我的眼前，催我奋进，不容马虎。多年以后，当我在马鞍山某所小学挂职做校长助理的时候，居然有幸遇到徐老师的孙女，她继承了祖辈的优良基因，对工作也是那么执着和充满热情。

三、大学时代

1987 年，我顺利地考入安徽师范大学中文系。其实我的理想本不是当个老师，也许是受父辈的影响，父亲曾参加过抗美援朝、保家卫国的那场英勇的战争，我特别想报考军校和警校。我们那个时代高考录取是先填报志愿后公布高考分数的，因此很多人担心滑档、错过录取，基本上都在第二志愿里边选择了服从，我也就这样进入安徽师范大学中文系。安徽师大中文系在 20 世纪 80—90 年代可以说是名家辈出，我印象中的余恕成、刘学锴、蒋立甫、赵庆元、程致中等先生都给我们本科生上过课，但给我印象最深的却是古代文论这门学科的老师梅运生先生。当时的梅先生不过四十岁左右，中等身材，清瘦干练。在他教授我们古代文论这门课程中，发生的两件事让我记忆犹新。

记得那时梅先生的课选用的教材是霍松林先生的《古代文论名篇详注》，鉴于当时网络科技发展尚未如今天这么迅猛便捷，所以教材订购也远不如今天那么简单方便。梅先生当时给我们开设这门课应该是专业选修课，班上选择这个课的学生比较多。我记忆中当时好像只有 20 本纸质教材，而选课的同学却近 50 人。因教材临时补订已经来不及，所以当时学校（中文系）要求 2 ~ 3 名同学合用一本教材。20 世纪 80—90 年代，电脑及复印远没有普及，像在今天完全可以影印一本教材，效果也还是不错的，但那时是没有这个条件的。为了找到这本教材，我跑到芜湖新华书店仔细搜寻，最终还是失望而归。抱着试试看的心态，我在第一节课下找到梅先生，告知他我没有教材，希望从他那里购得一本。按照我的理解，教师用的教材大凡都有多余的。梅老师很和蔼，笑着对我说，我回去帮你找找。为了表示我的决心，我拿出 20 元人民币给他作为书款。那个时代的 20 元可不是个小数目，我记得一个月 30 元基本可以维持生活，当然包括师范生的国家补助在内。梅老师当时就拒绝了，说还没有找到呢。

转眼到了第二节课，我本来想梅先生未必能记得一个学生求书这件小事，但偏

偏让我想不到的是，梅先生居然真的把这本书给带来了，并告知我是他送给我的。当梅先生把书交给我的一刹那，我心里溢满先生的温暖。这是何等的以学生的事作为自己的事，又是何等的大爱啊！毕业多年后，很多的书都因年代久慢慢淡出视线，但唯有这本梅先生的赠书我不愿丢弃，一直珍藏在身边……

还有一件事也发生在梅先生身上，我也记得很清楚。古代文论这门课理论性较强，有些篇目是需要同学们识记下来的。我记得当时梅先生是要求我们背诵陆机的《文赋》一文，并告知大家这篇文章是必考篇目，会有一道近五十分的大题。《文赋》是中国最早系统探讨文学创作问题的论著，当时在《古代文论名篇详注》连同翻译大概有 16 页之多，可见背诵不是一件易事，还要加上理解，那更是难上加难。隐约记得梅老师说过这些之后，宿舍同学大概有两种观点：一种观点认为，梅先生只是说说罢了，不可能考背诵这种识记性的题型；另一种观点认为，梅先生既然说了要考，就不会食言，他可是个认真的老先生。两种观点各执一词，达不成共识，最后的结果就是各自坚持自己的想法，开始复习。我记得我们宿舍当时有个芜湖市本地的孩子，智商测试 130，属于相当优秀的那种，他坚持说梅先生应该不会考这种题型，放弃背诵这样的苦差事，还笑话我们这些人太过相信梅先生的话了，考背诵这样的题目根本就不是大学考试的主流。于是大家在将信将疑的彷徨等待中迎来了最终考试，结果试卷发下来，让这位芜湖的仁兄大跌眼镜，试卷果然有一道默写分析题，分值占了试卷总分的 40%，这位仁兄根本就没有背诵，默写当然谈不上了，至于分析更无从谈起。考完试放假前分数下来了，同寝室这位仁兄居然只得了 58 分，无可奈何再一次带上《古代文论名篇详注》这本教材回家过寒假，我相信，那个寒假应该对他是刻骨铭心的，因为当时的他最终相信了梅先生说话算话了，也深刻体会到自己的小聪明耽误了大事。这也是梅先生给我们上课时留下的一件趣事吧，虽然已经过去许多年，但每每想起，都能感受到梅先生教书育人的言而有信、从严要求。现在想来，梅先生估计也不是刻意为难我的那位室友，也许他就是通过这样的严格要求让大家觉得读书的重要性吧。写此书时，梅先生已于 2016 年仙逝，但先生的形象却永远印在我的脑海中，久久不能忘却……

大学时代很多的老师对我日后从教都产生了深远的影响。无论是当时血气方刚的年轻学者，还是当时就小有成就的资深教授，他们对待学生的真心和热忱，对待事业的敬业都值得我们甚至后来人认真借鉴、好好学习。大学时期接触最多的当然是辅导员，我们当时中文系 87 级有近 120 名学生，分成两个班，都是由徐成钢老师统领。那时徐老师刚刚从华东师范大学思想政治教育毕业，年纪和我们差不多，加上英俊潇洒、气宇轩昂，很自然成为许多女生的偶像。若干年后的一次师生聚会，还有一名女生笑着说后来她找对象的标准就是按照徐老师标准来的，当然这只是个玩笑而已。

徐老师给我们做辅导员时，有两件事我记忆犹新。一是每两年一届的中文系话剧会演，他勇挑重担，和学生们打成一片的故事。记得我们刚进入二年级，中文系组织两年一届的话剧会演，剧本由每个班自己创作，演员由各班自行挑选。我记得当时我们班排演的剧目是《武大郎开店》，主题大概就是武大郎开店“个子矮的请进来，个子高的去他娘”（原剧本台词），形象地表现了“武大郎们”嫉贤妒能的社会心态。剧本写出来，主角武大郎却没有同学愿意演，一是因为这个角色全场必须蹲着演，体能要求高；二是因为这个角色不是正面人物，大家都不愿演反派。没办法，徐老师毛遂自荐说由他来演武大郎，并全身心地给剧组成员一一指导。徐老师多才多艺，经过他的勇挑重担和身体力行，这个剧在全校公演中取得了令人耳目一新的喜剧效果，破天荒地获得了二等奖。要知道，二年级的学生能取得二等奖这样的成就实属不易，后来想想，如果不是辅导员徐老师身先士卒，勇挑重担，估计那场戏很难有出乎人们意料的效果。

徐老师当时不仅年轻有为，对待学生也是充满爱心和真诚。记得我们班当时有个女生天生丽质，被公认为是班花、系花，当时她刚入大学，情窦初开，和班上实习上课的一名研究生“小广东”（此人是广东人）产生恋情，以至于有一晚 11 点还未回寝室。那时候学校对男女生宿舍管理严格，通常情况下男生进女寝都是要通报后由女生出来认人，说明理由才可以进入，而且时间上也受到一定的限制。女生夜不归寝那自然是件很大的事，无论是从安全还是校纪校风上都是不能容忍的。徐老师作为辅导员第一时间得到女生寝室的消息后，本着爱护学生的初心，没有过度声张，而是动员所有班干部加上他自己去芜湖大街小巷寻找，还好功夫不负有心人，最终找到了那位女生，并成功地劝说她返回女生寝室。事后，他没有过分宣扬这件事，而我们这些同学都是在毕业若干年后重拾记忆才知道这些“内幕”，无不惊叹徐老师一心为学生、处变不惊的精神。或许就是本着这样一颗爱心，大学四年我们中的绝大多数同学都与这位年长不了几岁的辅导员结下了深厚的情谊，现在他就任合肥师范学院党委书记，只要是我们这些同学经过合肥，都要和他见个面，聚一聚，大家都亲切地称呼他“徐老师”，他也乐此不疲，常常跟我们说，87 级中文系这两个班是他的骄傲！

在安徽师范大学本科求学阶段我遇见了很多师德高尚、治学严谨的教授、学者，现在每每回忆起来都有着莫名的幸福感，虽然他们中的有些人已经永远离开了自己的教学岗位，离开了我们，但我相信，他们的精神却伴随着安徽师范大学这个名称流芳千古，照亮人间。

四、硕博求学

1996 年，我带着一颗躁动的心停薪留职，来到广东省惠州市一所私立贵族学校——广东惠州超能双语学校任教。或许正是因为这样的经历，迫使我改变了对社会发展以及个人人生规划的想法，我深刻地感受到提升自己学历和知识的重要性。在广东这所私立贵族学校任教两年里，我有幸认识了两位大教育家，一位是当时北京大学附属中学退休校长夏学之先生，一位是原解放军艺术学院政委乔佩娟将军。夏校长给我的印象是极具亲和力，记忆中每次外地老师来试讲他都要亲自送老师去食堂用餐，并和老师聊上一会儿。虽然那时他已退休，年龄也到了耳顺之际，但对待工作一丝不苟，尽心尽力。在老师和学生眼里他是一个非常友善可亲的老人，但对待一些原则性的事情却极具坚持性，不达目标终不罢休。那时候惠州超能双语学校是一所寄宿式民办贵族学校，当时的老板是个资产颇丰的商人，在他的眼里，赚钱是第一位的，自然不希望多付出。在围绕教师寒、暑假工资问题上，该老板坚称教师寒、暑假放假不工作就不应该拿工资！夏校长据理力争，他说《教师法》明确规定寒、暑假教师依法获得劳动报酬，不发教师寒、暑假工资是违法行为。为了进一步体现老师在学校工作中的地位，他甚至说教师也是学校的投资方，只不过他们的投资是智力投资，丝毫不比物质投资差！也许正是夏校长的正直和坚持，学校投资方不得不妥协，按照既定的工资给全校老师发放寒、暑假工资。但这件事肯定得罪了投资方，果不其然，第二学期夏校长就离开学校，校方给出的答案是夏校长身体欠佳，主动辞去校长职务……

后来接替夏校长当超能国际双语学校校长的就是原解放军艺术学院政委乔佩娟将军。那时候老太太刚从部队退下来，给我印象最深的是她永远都保持着一张慈祥温和的脸，事必躬亲，从来不马虎。对学生她倾注了大量的心血，对老师更是真诚相待，感动了无数教师的心。超能双语学校当时的学生主要是来源于广东地区的富人子弟，家境殷实、自由散漫的孩子还是比较多的。乔将军为了改变这些孩子的习惯，的确绞尽脑汁，通过自己的关系，让孩子们开学军训去空军平潭机场，由军人们亲自负责训练。说来也奇怪，那些平常在学校连正常作息时间都懒得遵守的学生，到了机场训练一个月下来面目一新，甚至连晚上紧急集合5千米拉练都能坚持完成。总结原因主要是部队纪律严明，孩子们站军姿、日常起居都是由军人负责，一切按照部队的要求来执行，老师们只能远远观察，不能接近学生。那些孩子本来认为学校老师是他们的靠山，谁知道到了军营一切行动听教官的，教官的威严镇住了这些孩子，激发了他们的潜能，自然很快改变了陋习。遗憾的是孩子们不能永远待在军营，一个月重回学校后，很快回到以前的状态，虽然军训的效果没能保持得住，但乔将军的良苦用心还是有目共睹的。

乔将军虽贵为少将，却从无半点架子，和她相处永远都会觉得她就是个慈祥的老母亲。那个时候，学校年轻教师居多，很多教师的朋友、家属都会前来探亲。记得有一位年轻教师的女朋友前来探望，闲逛在校园之中，被乔将军偶遇，将军笑而不言，教师连忙解释。将军审视良久，与这位老师说傍晚来我家一趟。将军就住在该教师楼下，心想叫他过去莫非是班级出了问题，抑或与女友牵手在校园不被允许，要找他前去谈话？年轻教师在忐忑中等待傍晚如期而至，没想到乔将军把早已准备好的水果拿出来，微笑着说拿回去给你女朋友吃吧。那位年轻教师万万没想到将军居然还如此关心他和他的女友，激动之情溢于言表，自此以后逢人便说这个让他一辈子难忘的故事。其实，我知道乔将军是个爱才而谦和的人，对待下属从来都是平易近人的，这样的事发生在乔将军身上不足为奇。但她给予我们这些当时做老师的年轻人却是一辈子的财富，因为她让我们学会了平淡之中寓真情的待人之道，学会了理解别人，换位思考的重要意义。

两年后我毅然返回安徽参加全国研究生招生考试。起初我想跨专业考法律专业硕士，主要原因是我相信未来的社会发展一定需要法律来维护社会的各项权利和措施的实施，加之本身我也对法律有着一种莫名的喜爱。为了能实现自己的目标，我委托别人从北京带回了相关的专业书籍，还利用暑假去北京参加了中国人民大学举办的考研辅导班。在北京一待一个多月，住在中央民族大学学生宿舍里，白天和来自五湖四海的同学们一道去听课，晚上去民族大学的教室复习迎考。北京的夏季的确有些热，那个夏天留给我印象最深的是考研的学子们如此艰辛。其中有个来自内蒙古海拉尔的女生给我留下了深刻的印象，据她自己说，她为了考中国人民大学法学硕士，大学一年级就开始准备了，未雨绸缪在这个女生身上体现得淋漓尽致。参加考研辅导班的时候，她才是大三的学生，已经过了大学英语六级，法律专业的书籍已经看了近两年。虽然后来我不知道她是否考上了，但这个女生的持之以恒的毅力和精神却让我很受感动。这期间尤其让我感动的是中国政法大学的一位教师，因年代久远我实在想不起这位教师的名字，但他的精神却一直感召着我。记得那个时候，交通没有现在便利，联系方式也没有现在这么便捷，我唯一能做的就是写信给老师。为了当时能买到一本《刑事侦查学》，我写信给了当时刑事诉讼法学的一位导师，希望他能帮忙买一本书。没想到这位导师居然让他带的研究生专门回信给我，还帮我买了这本市场上买不到的书。接到他带的研究生来信之时，我非常感动，我和这位导师素昧平生，但他竟然能把我托付的事挂在心上，百忙之中还记得邮寄这本书并回信，他对一位素昧平生的求学者都能如此，可想而知对学生就更不用说了。可惜的是，岁月无痕，我还是忘记了他的姓名，那封珍贵的信也在数次搬家中遗失了，但这位导师的做法却让我真实地感受到了崇高的师德。

我毕竟不是专业选手，考虑到年龄及其他方面的原因，我不得不放弃法律专业转向自己稍擅长的教育专业。2000 年全国教育硕士专业学位试点刚刚开始，我报考了自己的母校安徽师范大学的语文课程和教学专业。考研之前复习的过程其实还是蛮艰辛的，那时候的我虽然已 30 出头，但依然战斗力不减。我曾戏称考研是“第二次高考”，不达目的决不放弃！为此我每天早上 5:30 起床，坚持背一个小时单词，除了日常上课其他时间都花在学习上，以至于很多同事都说我“自得其乐”，我也毫不在意。人一旦有了自己的坚定信念和理想，外界的干扰其实是起不了多大作用的。那个时候全国教育硕士招考是统一考试的，功夫不负有心人，我最终以优异的成绩被安徽师范大学的语文课程和教学专业录取。2000 年我脱产重回母校安徽师范大学读书，毕业十载重返母校，其中的心情只有自己知道。熟悉的校园、陌生的面孔、逝去的青春、重拾的记忆，让我倍加珍惜这个来之不易的学习机会。在职攻读教育硕士那段时间里，给我印象最为深刻的老师是倪三好和程致中先生。

记得倪老师是我们那一批近十个教育硕士的班主任，倪老师整天乐呵呵的，总是以笑脸面对学生。他对学生可不止于一般的“三好”，算起来可以是 N 好吧。印象最深的就是一次去华东师范大学访学，十多位师生一起，那时的交通还没有如今便利，没有动车和高铁。为了节约开支，我们师生一行都是坐绿皮火车和公交车，到了华师大门口都晚上十点多了。我们这一拨八位教育硕士都是安徽各个学校的在职教师，年龄都是比较大了，按照常规，到了华东师范大学，老师们可以先安排好自己的住宿，可是我记得当时倪老师和何更生老师坚持非得先安排好我们学生的住宿，他们才就寝，以至于等我们都安顿好了都十一点多了，他俩才默默离开。虽然看似小事，但其中体现了两位老师高度的责任心和对学生负责的态度。

倪老师很有人情味，硕士毕业后，我如愿调到马鞍山师范专科学校任教，记得有一次倪老师带着安师大本科实习生来学校实习，刚好那时的我在中文教研室工作，听说倪老师带队来学校实习，高兴坏了，久违的师生又能重新聚首自然是快乐的事。于是我盛情邀请倪老师当晚一聚，老师也很爽快，当晚没有回芜湖，留在马鞍山和我及几位同事小聚。那一次，倪老师非常开心，喝多了一点，晚上我让他住在家中，让夫人回老丈母娘处住，那一晚我和倪老师同床共寝，或许是酒精的作用，倪老师整晚鼾声如雷，我并不见外，第二天很含蓄告知老师，没想到他居然说有点对不住我……其实真正要说对不住的是作为学生的我，那时候经济条件不好，要是现在，我肯定会安排老师住酒店的，自然也规避了这些情况。更让我感动的是，数月后我居然在办公室的抽屉里发现一条迎客松香烟，打电话给倪老师他才承认是他留给我的，我顿感愧意，哪有学生收老师礼物的。可倪老师乐呵呵地说，他不抽烟，留着也没有用……毕业多年了，只是知道倪老师已经退休，有时间还是想回母校，去见见这位心态乐观、与人为善的好先生。

程致中老先生在我读本科的时候就是我们“现当代文学·鲁迅研究专题”的任课教师，也许是他长期研究鲁迅的原因，先生一直是“横眉冷对千夫指，俯首甘为孺子牛”的那种。先生学术造诣颇深，常常嫉恶如仇，敢于直言。为此，大学时代他老人家的课几乎没人敢翘。记得有一次因为一些原因，上他的课只来了三位同学，上课铃声响起，先生从容地走进课堂，并告知大家，纵然是有一个学生在课堂他也会认真地上好每一节课。先生是这么讲的，也是这么做的，每件事几乎认真到事必躬亲。我记得我们当年实习小组在芜湖八中实习，先生是我们组的指导老师，每个实习生试讲他都亲力亲为，指导学生上好每一节课要注意哪些步骤和方法。我记得第一次试讲是在安师大老校区教学楼 306 教室进行的，我是个语速较快的人，四十五分钟的课，结果三十分钟就结束啦，也没有考虑如何通过其他渠道解决剩下的十五分钟。先生听完后并不生气，而是语重心长地对我说，你的语速太快，要放缓语速。一个实习小组十二位同学的试讲课他都必到场，对学生负责认真的劲头可见一斑。

其实先生不仅仅认真，更多的时候是严格。记得当时实习的时候，先生每个实习生都要听一节课，第一次听我的课，上完后他表扬了我一通，说这节课上得不错。也许是年纪轻心态不稳，当时特别开心。以至于接下来的课就没有先前那么认真踏实。没想到过了一个星期，先生突然又来实习学校听课，这一次依然听了我这个实习组长的。可能是准备不足，或者是先生不打招呼地推门的确让我有些紧张，那节课上得不太理想。下课了，先生狠狠地批评了我。我意识到自己做得不好，于是和先生说准备好再上一节课请他来听，在哪里跌倒就在哪里爬起。于是我重新认真对待每一节课的教案和课件，一周后主动请先生来听课，先生如约而至，听完课后露出笑容，说这节课上得不错。此时，压在我心头的一块大石终于落地了。先生又告诫我，不是你上节课不能上好，关键是你的态度要始终如一。这件事让我在以后的教学工作中一直不敢松懈，因为态度决定一切，课堂就是战场！攻读硕士期间因为大家都比较害怕他不苟言笑，所以选择他研究方向的学生比较少，我毅然决然地选择了他作为导师，研究中学语文教材中鲁迅作品教学，先生很是奇怪，说既然大家都担心我太严格，你为什么还要选择我做导师？我坦然说正是先生的严格才让我这么做的，因为我觉得严格要求学生才可以学到更多。他少有的露出笑容，对我说，像你这样的学生现在已经不多了……后来从开题到做毕业论文，先生给了我很大的帮助，我也在完成学业的过程中学到了先生的治学严谨！

2007年我开始着手攻读博士，当时主要的想法是知识更新速度太快，如果满足于既往习得的知识储备，很容易在以后的工作、学习中陷入被动。我个人觉得自己的超前意识还是比较强的，于是萌生了考博士进一步提高自己的念头。但这一过程的确付出了太多的艰辛。从第一次参加华东师范大学博士研究生统一考试，到2011年被南京师范大学教育博士专业录取，我一共参加了三次博士招考，其中前两次都是与录取失之交臂。不是我不努力，是因为当时博士录取是非常严格的过程，笔试通过还得面试，稍有不太满意，导师只能是挥泪斩马谡。2011年我选择报考南京师范大学，一是南京师范大学离家近，二是南京师范大学在全国师范院校教育学还是蛮有影响力的。当年我们报考的学校课程教学这个专业，全国报考的共有48位考生，只有3个录取名额，竞争压力可想而知。也许正是我前两次考试的准备，我是以笔试第一名进入面试的，面试成绩最终出来，我以排位第二的成绩被南京师范大学教育科学学院录取，人生最大的梦想终于成为现实。总结三次考博经历，支撑我能持之以恒、毫不懈怠的原因之一就是作为教师，我深刻地体会到知识更新和社会发展的速度，如果教师要站稳讲台，对得住良心和自己的学生，必须要不停地去学习，提升自己的知识和能力。或许正是抱着这种执着和焦虑的心情，我克服年龄、身体多方面的困扰，最终如愿以偿。

南京师范大学的博导老师们给我留下了很深的印象，他们很多人学富五车、治学严谨。其中印象最深刻的莫过于李如密先生了。说来也许是缘分吧，博士考试面试的那一刻起，我就对李老师颇有好感，因为整个面试过程他始终保持着微笑，缓解了我紧张的情绪。先生不是我的主管导师，却与我结下了深厚的情谊。当年读博士期间，很多同学都有意无意地跟他“取经”，他从来都是乐此不疲。读博的过程是一个非常辛苦的过程，很多博士同学都会遇到这样那样的困境，甚至在某一阶段都有过放弃的念头，我也不例外。有一个阶段我找李先生谈心，告诉他我有放弃的想法，主要是学业压力大，个人身心俱疲。李先生和我聊了很长时间，给了我很多的鼓励，说有这样的想法其实很正常，咬咬牙挺过去一切都会好起来，别自己放弃！或许是先生的话让我看到了希望和光明，以后的日子里我才得以重新振作，一步一步地完成毕业小论文到大论文，这其中先生的鼓励始终在我耳边回荡。现在回忆起那段时光，没有先生的感召，估计我很难有勇气再坚持下去。先生不仅仅是这样说，更重要的是他以自己的实际行动让每一位在读的博士同学感受到导师的温暖和关心。记得在读博士期间，很多的同学都会打电话、发邮件给先生，请他看看自己的文章，提出修改意见。这里边有他自己的学生，也有不是他分管的学生，可先生从来都是一视同仁。每次同学发文章让他批阅，他都是在第一时间回复，有时纵然是时间忙不过来，他也会电话或邮件告知同学，稍晚会回复自己对同学论文的看法，最多不会超过一个星期。要知道，每个同学的小论文，少则数千字，多则上万字，先生从无怨言！而且他返回来的文章批阅，小到标点符号、文章标题，大到文章结构和思想内容，先生都做了详细的眉批，没有人知道先生为此付出了多少，但有一点可以肯定，他对所有的学生都怀有一颗挚爱的心！有一次，我开玩笑地问他，那么多学生，您这么做可不太辛苦了？他一如既往满怀笑意地说道，看你们的文章我也是学习的过程啊。这是何等的胸襟？先生做学问严谨的态度和待学生真诚的心，一直感召着今天同样身为人师的我不敢有丝毫懈怠，每一位学生只要是有求于我，我都会站在学生的角度，尽最大努力去帮助，或许这个就是最高的师德吧。毕业多年了，偶尔和先生节日发个短信，通个电话，但先生的音容笑貌一直都印在我的脑海中，我曾在电话中直白地告诉先生，像他这样的老师现在已经不多了。不是吹捧先生，先生的人格魅力的确是我一辈子倾慕的，他为人师表、严谨谦逊的精神将会影响着我，直到永远。他对学生无私的爱也践行了真正的为人师表，时刻告诫我为师之道。也许这就是有幸相识，受益终身吧。

五、从教工作

大学毕业我先后在中学、大学任教，这其中遇到各种各样的同仁和领导。但就管理者角度来看，我还是首推马鞍山师范高等专科学校校长孙良和韩国又松大学副校长甘慧媛女士。孙良校长来马鞍山之前曾在安徽师范大学任组织部部长一职，是一位从基层干起、最终从政的学者型校长。他不仅具有丰富的教育教学经验，更具有超凡的气度和学识，且为人低调，乐于助人。

记得2008年他刚来马鞍山师范高等专科学校，那时师专刚刚由中师升格，很多老师及管理层对高等教育几乎是陌生的。孙校长从小事抓起，从人事用人管理到学校课题申报以及教师职务晋升，事必躬亲，可以说为师专后期发展为安徽省高职高专高水平大学，他付出了太多的努力！其中给我印象最深的要算是课题申报了。那时候，我们对课题申报几乎不了解，写申报书也不是很在行。孙校长是安徽师范大学教授且贵为硕士生导师，自然熟知课题申报书的规范和要求，为了提高学校科研实力，从课题申报的选题、申报书的规范及审核都一一过目，并把每一位申报课题的教师叫到办公室，详细地给出自己的意见。我粗略地看了一下他办公桌上的申报书，二三十份，几乎每一份都用铅笔做了详细的标注和眉批，这样的工作量可是非常大的，关键是纯属义务劳动，没有丝毫报酬。我当时就被感动了，一位校长，能不计名利，一心为了学校发展和建设做出这样的行动，作为老师的我们还有什么可以计较？也许正是在孙校长的亲力亲为之下，在他2007—2020年任职师专期间，马鞍山师范高等专科学校科研实力有了显著的提高。这期间，他还努力提倡教师访学和攻读博士学位，粗略计算一下，在其主政师专期间，师专攻读博士学位的教师有十多位，拿到博士学位的老师也不在少数。尽管由于这样那样的原因，这些博士大多没有留在师专任教，但我可以毫不夸张地说，这些博士和教授对孙良校长都怀有感恩之心！

作为一名学者型的领导，孙校长是个极具亲和力的人，从来不摆架子，强势压人。2008年他刚来师专，那时学校还没有一个教授，而他作为一个资深教授和硕士生导师却从来没有高高在上的感觉，相反，处处以教师利益为主导，乐于和广大教师打成一片。记得2014年我公派韩国又松大学交流教学一年，暑假回国准备返回韩国，考虑到当时我没有车也不会开车，孙校长说让学校的车送去机场，我委婉地说不用了，到禄口机场很方便。本来以为校长说了我也委婉谢绝了，应该没有啥后续情况发生。没想到开学之初，学校司机还是打电话和我说，孙校长交代他，我是公派出去交流的，代表着学校，做好后勤保障是学校的责任。虽然只是一件小小的事情，却让我感受到学校的温暖和校长的关心，以至于在韩国又松大学执教一年里我不敢有半点马虎，因为在我心里，我时常觉得我代表的是国家，代表的是马鞍山师范高等专科学校。一年韩国交流教学，我得到了韩国又松大学高度的认可。读博士期间，孙校长也给予我莫大的鼓励，总是勉励我要好好学习，完成学业回校服务，虽然后来由于各种原因我还是离开了学校，孙校长也调回安徽师范大学，但每每回忆过往一切，都是满满的温暖，我想，作为一位人性化管理的好领导，好老师，他身上的正能量将伴随我以后的从教历程，他的待人真诚和坦荡也是我永远学习的做人原则。

说到去韩国又松大学交流，我就不得不说起韩国又松大学校长甘慧媛女士。甘校长可以算是一个中国通，她给我的第一印象就是一个和蔼可亲的职业女性，始终带着笑意，温柔且不失礼仪地和每个同仁交往。其实我来韩国交流教学一年，一方面是学校合作交流的任务，另一方面我还要就我的博士毕业论文做相关的调研，了解韩国普通高中课程设置的一些情况。甘校长十分乐于帮忙，让孔子学院的金院长专门为我提供了有关大田市几所高中的课程设置方案，还利用孔子学院校长培训班这一契机帮我做了问卷调查，使我的毕业论文有了第一手国外高中课程开设的资料，现在回忆起来还是满满的感激之情。

印象最深的是她的礼仪，我们那批去韩国公派交流的老师一行共 14 人，分别来自全国各个高校和专业，大部分是学习中文教学的。考虑到每个老师都远离故土，所以甘校长特别注意节假日和我们一同聚餐。大型的聚餐都是她自己掏钱，有时候我们偶尔请她一回，她就非常开心地和我们无拘无束地聊起她年轻时候的恋爱、婚姻和家庭什么的。记得离开韩国即将回国的那一次聚餐，甘校长特别安排在又松大学酒店观光系 W13 教学楼餐厅，用又松大学旅游观光系自己做的主食和红酒招待我们。聚餐过程中，她由衷地感谢我们每一位教师对韩国又松大学作出的贡献，还十分清楚地把每一位教师的情况做了一个恰到好处的总结。后来我一直不明白，甘校长日理万机，何以知道每一位教师的实际情况的？回国后，我一直都很怀念那段难得的时光，直到 2016 年我博士毕业，甘校长有幸来马鞍山师范高等专科学校合作单位商谈合作事项，我才再一次和她见面，虽然只是一起开了个会，互相勉励了一通，但我总觉得她和孙良校长有一个共同的特征，那就是超凡的人格魅力。你跟着他们一起工作，就算是累一点也觉得值得，真诚坦荡是他们做人的风格和底线！

当然，诸如以上两位用人格魅力感染人的领导也不在少数，我来韩山师范学院短短三年时间里，见识了现任书记幸小涛的超强的远见卓识。据说他是2017年到韩山师范学院主持工作的，当时的韩山师范学院虽然有百年办校的经历，但到了非发展不可的境地。幸书记高瞻远瞩，从引进人才政策制定、建立博士后工作站到申报硕士点，硬是把韩山师范学院拉到了一个更高的平台。书记为人谦和，没有架子，很多教职工有困难找到他，他都一一落实。也许正是这样的踏实、努力，韩山师范学院绝大多数教授、博士都给予他很高的评价。

从教三十多年，遇见过很多领导老师，他们给了我很多反思和实践的经验，在他们身上，我会学到很多不同的为人师的品性。也许这就是“三人行必有吾师”的道理吧。如今的我还有五年多要退休了，每每想到告老还乡、颐养天年，总觉得还是应该写点东西来诠释一下自己心目中的好教师。我是个怀旧的人，从求学到工作，遇见过很多让我感动、催我奋进的良师益友，我有责任把他们的优良品行记录下来，为以后的年轻教师提供成长的经验，形成良好的师德师风。或许，这就是我写这本书的主要目的。

第三章
我眼中的教师核心素养

一、职业素养

师德是教师的立业之基，从教之要。党的十八大以来，习近平总书记高度重视师德师风建设，对广大教师提出了“四有好老师”“四个引路人”“四个相统一”等明确要求，强调“评价教师队伍素质的第一标准应该是师德师风”等。

中国古代对教师的社会地位看法达到了一个不可比拟的境地，“天地君亲师”“师者所以传道授业解惑”，教师被看作是仅次于天、地、君、亲之下的，是传经送道的圣人。虽然这些说法可能有些夸张，但就中国古代教师的社会地位来看可见一斑。《送东阳马生序》一文中曾有详细的记述：“先达德隆望尊，门人弟子填其室，未尝稍降辞色。余立侍左右，援疑质理，俯身倾耳以请；或遇其叱咄，色愈恭，礼愈至，不敢出一言以复；俟其欣悦，则又请焉。”其中描写明代宋濂求学问师之状况可以稍作佐证。

我在韩国公派交流教学一年，深深地感受到韩国社会教师地位的不同一般，仅就一些事例就可以知道韩国社会教师的社会地位之高。我在韩国又松大学任教期间，只要是你走在校园里，无论是否是自己教的学生，看到教师都会鞠躬行礼，问老师好。在外购物，只要是你提及是教师，营业人员对你都非常客气。记得才到韩国，由于我不懂韩语，只会英语，加之韩国大田市街道大都差不多，韩国居民楼不允许超过四层，没有标志性建筑作参考，所以有一次我去大田市 EMART 超市购物时不幸迷路。正当我焦急万分之时，我想到了自己在又松大学就职的胸牌，于是，我拿着胸牌去问路边店铺的韩国大妈。韩国大妈知道我是又松大学的老师后，非常热情，居然在前边带路，把我引到正确的路上去。虽然只是短短的几十米，但我感受到教师在韩国社会的备受尊重。

我国改革开放之后，随着商品经济社会的影响逐步加深，教师这个行业出现了一些不和谐的现象，诸如有偿家教、侵害学生利益、教学敷衍、育人不作为等方面。为此，从师德师风角度，党和国家给予高度重视，到今天各项政策措施配套实施。站在一个老教师的立场上，我个人觉得，强化教师信念势在必行。

（一）师德师风

1. 教师职业的神圣性

教师这个职业不同于一般的职业，它是一个地地道道的良心职业。时下很多学校用量化绩效的方式考核教师教育教学行为，我个人觉得还是有失偏颇的。好的教师你不用考核，他依然循着良心做真正的教育。换个角度，功利化的考核也只能考核功利化的教育行为，永远培养不出怀有崇高之心的良知教师。当然，这并不是说不要考核，而是完全量化考核对教师这个职业是行不通的。教师需要对这个职业怀有敬畏之心，他肩负着为国家培养合格下一代的伟大使命。如果仅仅把教师这个职业作为养家糊口的一般职业，要想胜任这个职业几乎不可能。在南京师范大学读书的日子里，我常常会流连于教育科学学院门前的一尊庄严的雕像前，那就是著名的教育家陶行知。我流连于此尊雕像不是惊叹于雕像的伟岸，更多的是为雕像底座的一行字所震撼。那一行字每时每刻都印在我的脑海中，“捧着一颗心来，不带半根草去”，每每站在讲台上面对那一群群懵懵懂懂的孩子们，我都会想到这句话，它经典地诠释了教师这个职业的神圣性。

也许有人说我是把教师这个职业无限放大了，脱离了当下的生活。诚然，当你无限放大一个事物最终就消解了该事物，但教师这个职业不完全是燃烧的蜡烛，更多的是塑造下一代乃至民族的希望。我曾自己总结教育的目标，教育的终极目标就是两个最大化，即使人的潜能最大化，使人的良善最大化！虽然这样的概括不一定很全面，甚至还有些唯美主义，但至少它是我从教三十多年来对教育目标的理解。受教育者一旦做到潜能最大化，教育就可以真正做到因材施教，让不同潜质的人更好地融入社会；而一个人的良善最大化，就可以成为对国家、对社会有用的人。这一过程中教师起着至关重要的作用，教师始终是身教重于言教的实践行者，一言一行都影响着每一位受教育者。好的教师一定是自带光芒的人师，他或多或少地在工作中都有一些奉献精神，最终目标不是自身的财富或其他，更多的是把学生的成功当作自己的一生财富，给学生留下的往往是一生美好的回忆和对教师职业的尊敬和向往。李如密老师可以算是教师领域的楷模，在南京师范大学读书的学生们，无论是他的嫡系学生，还是受益于他的其他学生，只要是谈到李先生，崇拜之情溢于言表，原因就是他真正把自己的时间和精力无偿地奉献给了学生，以高尚的品格和谦和的为人让学生感受到教师这个职业的神圣。我可以毫不夸张地说，至少百分之九十的学生都对他高山仰止，都乐于与他交流心得。古人云，“经师易得，人师难求”，又云，“亲其师、信其道”。我想，李如密老师可以算得上难得的人师了。

2. 爱贯穿于教育的始终

教育的过程本身就是心与心交流的过程，诚如德国哲人雅斯贝尔斯所言，教育就是一棵树摇动另一棵树，一朵云推动另一朵云，一个灵魂召唤另一个灵魂。灵魂与灵魂的召唤是需要爱作为基础的，否则很难促成既定的美好理想实现。从教三十多年，从中学到大学，遇见过形形色色的学生，问题学生不在少数，但我始终坚信，做老师的只有真正走进学生的心里，才能让学生体会到教师的苦衷，才能真切地感受到灵魂深处的召唤。记得在我任教高中的那个年代，高中学生受一些电影电视的影响，拉帮结派，混迹江湖。我当时带的高中生中有好几个都是学生群体中的大哥。作为任课教师的我当然不希望看着他们堕落，加上那时候我和他们年龄相差不大，容易沟通，所以经常劝诫他们不要惹是生非，静下心来多学点东西。可这群孩子基础太弱，当时几乎连高中会考都能成为他们学习的障碍。没有办法，我只能自己动手感化他们、帮助他们。

首先从英语开始，由于我当初在大学毕业时过了国家四级考试，英语基础相对还是不错的，所以我就先帮助他们学习英语语法，那时候的教材主要是自己选择的薄冰《英语语法手册》，从最基础的时态、语态、句式开始，督促他们课后背单词。为了考核他们的学习效果，我通常一周学习结束就让他们考试一次。那个时代没有现在的计算机和打印机，所以考试试卷弄起来比较麻烦。为此，我自己到学校文印室借来油印机，自己刻钢板蜡纸，熬夜是常事。每次弄完试卷，学生考完后有所进步我都会觉得很欣慰！很多孩子的家长不好意思，让孩子和我说，老师太辛苦要不要给点费用，都被我断然回绝。因为我觉得，作为一名教师，可以选择课后不去辅导和你专业没关的学科，但既然出于帮助学生就不能收费，收了费性质就不一样了，学生不一定觉得你是诚心实意地去帮助他们，相反，还可能会造成误会，让这些可能会有所感动的问题学生觉得老师就是为了钱！尽管在当时我这样做还引起了英语老师的误解，说我抢他们饭碗，但我问心无愧，因为在我心里，没有什么比学生向上进步更重要的。一段时间下来，也许是我的真诚和付出感动了这些学生，他们进步神速，以至于在后来的高中会考中基本上都战胜了英语这门老大难的学科。其中还有一名学生是个社会交往能力非常强的学生大哥，我知道让他参加高考（那时候高考是优中取优的）基本不可能，于是我鼓励他去当兵，去部队锻炼或许能让他变得更优秀。后来这个孩子如愿以偿地去云南当了武警，再后来他又考了军校，娶了一个军医成了家。换个角度，如果当初他不去当兵，很有可能会跟着社会上的人去混社会，到头来结局完全不同。问题学生的变化是一个老师爱和真诚感召下结出的果实，它需要师生之间的爱和信任！

这么多年的从教经历，我改变了一些问题学生，但也有尽力却未能如愿以偿的，我个人以为没有什么责任，因为教育本身就不是万能的，你尽了力，结果不一定是你想象的也是很正常，只要是扪心自问，作为一名教师，是否把全部的爱都给了自己的学生，是否真的把学生当作自己的孩子来对待，如果回答都是正向的，我觉得就是一位合格的且对得住这个教师称号的良师（如图 3-1 所示）。

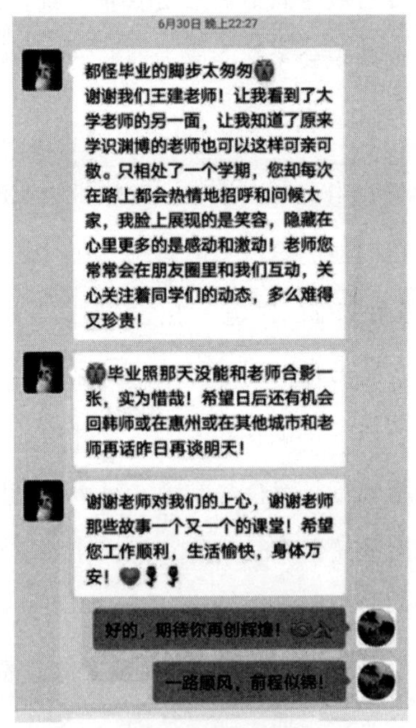

图 3-1　师生情谊源于爱与真诚

3. 懂得不断反思

教师的成长是一个漫长的过程，有人说教师是实践者、专业技术人员、研究者等。从教的经历让我还是认可教师是反思性实践者这样的定义的。美国曾经把准教师实习等同于临床实践的医生，我个人认为这个看法是有失偏颇的，毕竟教师面对的是一个个待成长的鲜活的个体，不同于医生所面对的病人。病人的病因客观存在，医术高明的医生完全可以对症下药解决问题，但教育不同，它需要的是教师和学生双向配合、心与心交流合作。我的成长经历也是逐步反思和提高的过程。初为人师，我其实也是个懵懂不太知晓教师职业特点的门外汉，虽然从师范大学专业毕业，学过教育学、心理学、教材教法，经历过教育实习，甚至还取得了不错的成绩。我读本科时曾是三好学生、优秀学生干部、一等专业奖学金获得者，但这并不能改变作为一名刚走上工作岗位的教师，需要一步步成长的现实。记得刚做中学教师时，承蒙学校信任，让我带高中两个班的语文，对于一个年轻人来说，我对教学内容还是比较陌生的，因而，虚心向老教师学习就是我那时必须要走的路。那时和我同带一个年级的两位老教师都是各有各的风格，作为年轻教师，我常常要适应他们各自的习惯，多干点事，虚心请教是那时的我必备的成长路径。

记得有一次期末考试，两位老教师为了题型到底以客观题（选择题）还是主观题（问答题）争执得不可开交，我在他俩争论的夹缝中静静听着，最后经过漫长的讨论，终于达成客观题占 40%，主观题占 60% 的共识，但谁来出试卷，谁来刻试卷却成为老大难。前文已经说过，那个时代试卷都是钢板、蜡纸刻录，然后油印成型。加上第二天就要上交学校蜡纸刻录的试卷样本，其难度就更大了。两位老教师那时候都五十出头，一位教师眼睛还不太好，为此，我自告奋勇说试卷我来出，钢板刻录我来完成，两位老前辈自然乐见其成。记得那一晚上我奋战到凌晨 2 点，顺利地完成了试卷刻录，第二天上交到学校教导处。虽然当时很辛苦，或许还有些许的不乐意，但后来想想，这件事对我的成长还是挺有帮助的。虚心向老教师学习，期待他们传金送宝应该是年轻人逐步站稳讲台的必经之路。那个时候带两个高三班语文，从来都是第一个班上完课立马反思，在第二个班上及时修正提高，反思教学的每个细节并及时改变让我受益匪浅。回过头来，现在的有些年轻教师或多或少还是缺乏我们那个年代虚心求教的真诚。也许就是这样的虚心，我第一次带高中两个毕业班，高考成绩总评就取得了优异成绩，这为我以后连续数年带毕业班和学校高考辅导班打下了坚实的基础。

站稳讲台是新教师成长必须做到的。作为一名教师，教好书没有丝毫讨价还价的空间，因为教学从来都是教师生存发展的基础。但教师的教学并不是教师工作的全部，还要身兼育人的重任。从教以来，我做过数年的班主任，从中学到大学，并获得过“三育人·管理育人”先进个人。班主任工作其实也是一个不断反思提高的过程，没有捷径可循。

记得刚做班主任时候，很多家长都觉得我当时太年轻了，不太愿意把孩子放在我的班上。可在以后的日子里，他们被我乐于奉献的精神打动，多次表示这个年轻老师很有上进心，再也没有家长提及要把孩子调班的意愿。班主任面临的杂事非常多，尤其是要面对各种各样的突发事件。由于当初刚做班主任时年轻气盛，什么学校活动都想让本班学生参加并拿第一，甚至出现要求过高，伤害学生情感的一些做法。记忆中，我带的班级参加全校香港回归知识竞赛，班上抽出 3 名同学作为代表，我私下和 3 名同学说，你们代表的不是个人，而是整个集体，希望你们好好准备，争取拿第一！本来定这个目标是无可厚非的，可是也许是孩子们准备不充分，抑或是别的班的孩子付出得更多，我班的孩子最后只拿了个第二名。对此作为班主任的我，本应该给孩子更多的鼓励，而我那时却觉得孩子们没有完成自己交给他们的任务，非常生气，结果在班上开班会时当着全班学生的面把第二名的奖状撕碎了，全班同学鸦雀无声，不知道他们当时是什么心态。后来和学生谈心，学生说老师做得太过分了，其实他们已经尽力了。甚至还有一次，我带过的班中一个孩子是同手同脚的学生，高中进校军训，教官怎么单训，怎么矫正都没效。当时军训结束是要全校汇报表演的，为了不因为他一人而影响整个班级，我竟然剥夺了其参加班级整个军训汇报活动的权利，让他待在一边观看其他同学表演。这两件事随着后来年纪的增长，从教经验的加深，我的的确确感受到当时的无知，因为自己的自尊和班级的荣誉而伤害了孩子的自尊，这种做法是有悖于教育的价值和目标的。可惜时光流逝，如果能重回以前，我肯定会对全班乃至那位同手同脚的迟姓同学真诚道歉，毕竟没有什么荣誉可以取代学生的尊严！纵然是再好的出发点，都不能改变以学生为本的原则，要尊重学生的价值!

（二）学会学习并终身学习

1. 学习的定义

日常生活中，有关“学习”这一概念使用的频率相当高，无论是个体在校学习还是走向社会，学习始终伴随着个体终身成长。那么究竟何为学习呢?

谈论学习并不是一件简单的事，每位专家，不论是教育学家、心理学家、社会学家还是哲学家，都会有自己的主张。浏览杂志和研究性文章，我们会知晓一些与学习相关的论断和观点，诸如“知识是构建起来的”“一切学习都与右脑和左脑有关”“学习要借助于行动”“认知冲突使学生得以学习”“一切都在最近发展区内起作用”等。[1] 诚然这些相关论断和观点有其合理性一面，但对个体对学习的现实指导意义有待进一步明晰。同时，“学习”在日常生活中是一个混合词，在不同情况下，它既可以指理解、认识、记忆、发现、经验获得，也可以指调动已有知识，发现、解决新的问题。学习了不一定就理解掌握了，这一点毋庸置疑。人们可能知道某项知识，对其有所认识，但不一定能利用它。学习理解内容是一回事，有效利用则是另一回事。

此外，学习的类型或内容不同、学习者自身特点不同、学习条件不同、学习结果的评定方式不同等，也使得学习这一主题呈现出多样化的特点，增加了对学习定义的复杂性。

纵观学习定义的界定，由于研究者视角不一，对学习实质的理解以及对学习的界定也有所不同。概括起来较有代表性的学习定义有：

（1）由于不断练习而导致的行为的相对持久的变化，这种变化源于练习，并非疲劳、药物、损伤等因素所致。（Hergenhahn&olson,1997）

（2）形成有组织的知识并使之变得更有组织的过程。（Charniak& Ericsson，1985）

（3）有机体或机器增加其知识和技能的所有过程。（Stillings,et al.1987）

---

[1] 安德烈·焦尔当：《学习的本质》，杭零译，上海：华东师范大学出版社，2015 年。

（4）依存于实际经验的、持久的内部表征的生成或矫正。（Dudai,1989）

（5）知识或技能的获得。（Howard,1995）

（6）一个自我调节的过程，并通过下面几个环节实现：努力解决个体原有的世界模式与新的顿悟之间的冲突；用在文化背景下形成的工具和符号来建构新的关于现实的表征与模式；通过社会合作、交互作用来进一步确定意义。（Fasnot,1996）[1]

综合上述几种定义，我们可以发现，它们分别强调学习的不同方面。有强调学习引起行为变化，注重学习的外在结果；有强调学习引起内在心理特征变化；还有注重学习过程的。从学习的主体来看，有着眼于人与动物，有集体学习的，也有些涉及机器学习的。

显然，试图以一种定义涵盖所有形式的学习，是不现实的。但就学习的某些基本问题，研究者的观点并无实质性分歧。比照上述各种有关学习的定义，我们可以大体上认识到学习的几种特征：一是学习是一种适应环境的变化，它与环境保持着动态的平衡。它是人类进化的助推器，人类有史以来就离不开学习，以后的发展、演化更需要学习。同时，学习也导致人类作为有机体适应环境的内在心理机制的变化，使人类更加有效地以自身心理变化适应复杂环境。二是学习可以表现为行为和潜能的变化。虽然我们无法直接观察到学习所引起的内在心理结构的变化，但由于内在心理结构是行为的调节机制，因此，我们可以通过行为的变化来了解、界定、推测或评估学习的进程和结果，探讨学习活动的机制。当然，并不是所有在书本中习得的知识都可以直接转化为外在行为表现，但知识存储于头脑之中，留待将来所用，虽暂时没有直接明显的行为变化，却影响了行为内在机制的可能性，即行为的潜能发生了变化。三是学习源于直接或间接的经验。

如果我们必须给学习下个定义的话，学习是指学习者因经验而引起的行为、能力和心理倾向的比较持久的变化。这些变化不是因成熟、疾病或药物引起的，而且也不一定表现出外显的行为。

[1] 姚梅林：《学习心理学》，北京：北京师范大学出版社，2006 年。

2. 学习理论的发展

学习理论是心理学最先发展的理论。最早对学习进行实验研究可以追溯到德国的艾宾浩斯。而最早对动物进行学习实验研究的则是美国的桑代克。学习理论按照施良方先生的分类可以概括为以下四种：❶

（1）刺激—反应学习理论。刺激—反应论者都把环境看作是刺激，把伴随而来的有机体行为看作反应。因而，他们关注的是环境在个体学习中的重要性。学习者学到什么，是受环境控制的，而不是由个体决定的。他们认为，学习者的行为是他们对环境刺激所做出的反应，所有行为都是习得的。他们都强调强化和邻近在学习中的价值，强调教师的职责就是要创设一种环境，尽可能在最大程度上强化学生的合适的行为。

（2）认知学习理论。它与行为主义学习理论刚好相反。他们认为，是个体作用于环境，而不是环境引起人的行为。环境只是提供潜在刺激，至于这些刺激是否受到注意或被加工，这取决于学习者内部心理结构。个体往往根据自己内部结构对环境刺激做出选择，目的是为了赋予经验以意义。认知学习理论要研究的是个体处理环境刺激时的内部过程，而不是外显的刺激与反应。所谓心理结构，就是指学习者知觉和概括自然社会和人类社会的方式。认知结构是以符号表征的形式存在的。当新的经验改变了学习者现有的心理结构时，学习就发生了。因此，学习的基础是学习者内部心理结构的形式和改组，而不是刺激—反应联结的形成。

（3）折中主义学习理论。它也可以称作认知—行为主义学习理论。它赞同行为主义基本假设，同时又对行为主义心理学不屑一顾的领域（诸如思维、认知和情感等）做了某种程度的探索。

（4）人本主义学习理论。人本主义者共同的信仰就是，每个人都具有发展自己潜力的能力和动力。他们特别关注人的自我实现，认为“行为与学习是知觉的产物。一个人大多数的行为都是他对自己看法的结果”。真正的学习涉及整个人，而不是为学习者提供事实。真正的学习经验能够使学习者发现自己独特的品质，发现

❶ 施良方：《学习论》，北京：人民教育出版社，1994 年，第 14-17 页。

自己作为一个人的特征。因而，学习即成为一个完善的人，是唯一真正的学习。

综合上述学习理论的几种流派，可以发现：一方面各种学习理论流派的分歧是客观存在，无分歧就无发展；另一方面这些分歧往往由研究的对象、学习的任务和研究的手段不同而引起的。佐证了各种学习理论从不同的角度为我们提供了探讨学习过程的不同视野。

3. 学会学习

当下，核心素养为世界各个国家所普遍重视，也是各个国际组织与政府在进行教育改革与课程改革时密切关注的热点。虽然各个国际组织与政府在“核心素养”的具体表述方式上存在差异，但其思想是共通的，即重视公民的关键的、必要的、重要的素养。强调核心素养，才是培养能自我实现与社会和谐发展的高素质国民与世界公民的基础。也是当今时代社会发展的需求。回顾前人对核心素养概念的界定，我们可以了解“核心素养”这一概念的基本特点：一是核心素养概念的演变与人类进步和社会发展密切相关，它是社会生产力与生产方式发展变化的产物，历史上不同时期人们所持的不同理解，反映的都是当时社会发展的需求，是当时人们对“教育应培养什么样的人”这一问题的回答；二是核心素养是一个复杂的结构，并非单一维度，而是多元维度的，素养不只重视知识，也重视能力，更强调态度的重要性；三是核心素养的范畴超越了行为主义层面的能力，涵盖态度、知识与能力等方面，体现了全人类素养或全方位素养，契合我国传统文化“教人成人”或“成人之学”的特色育人观；四是核心素养的形成与发展是个不断丰富、优化的动态模式。从个体层面来看，人的素养不是与生俱来的，它有一个形成、发展和逐渐成熟的动态过程，即个体的核心素养是在动态的教育过程中不断丰富和发展起来的。它的内涵指向未来、不断优化发展的动态性。[1]

根据联合国教科文组织的研究：“优质的教育体制必须使学习者持续改变素养，同时获得甚至发展新的素养。这些素养是多样的，包括核心技能、内容知识、认知技能、软技能、操作技能等，使我们在某个特定情境中能够满足复杂的要求，成功

---

[1] 林崇德：《21世纪学生发展核心素养研究》，北京：北京师范大学出版集团，2016年，第10-11页。

和有效地完成复杂的活动或任务。素养的类型、取向与对其做出界定的实体——国家、组织和个体，一样多样化。”[1] 纵观世界各国对核心素养要素的界定，尤其强调学会学习这一理念，而其中包含最多的内涵大致有学习力、信息力。其中学习力主要表现在学习态度、反思能力、交流合作等方面，而信息力主要表现在信息筛选和使用的能力，同时也应和时代发展。

2016年《中国学生发展核心素养》发布，其中六大领域中也包含了“学会学习”，主要表现在学生在学习意识形成、学习方式方法选择、学习进程评估调控等方面的综合表现。具体包括乐学善学、勤于反思、信息意识等基本要点。

乐学善学包括能正确认识和理解学习的价值，具有积极的学习态度和浓厚的学习兴趣，能养成良好的学习习惯，掌握适合自身的学习方法。能自主学习、具有终身学习的意识和能力等；勤于反思指的是具有对自己的学习状态进行审视的意识和习惯，善于总结经验。具有能够根据不同情境和自身实际，选择和调整学习策略和方法的能力；信息意识包含能自觉、有效地获取、评估、鉴别、使用信息，具有数字化生存能力，主动适应“互联网”等社会信息化发展趋势，具有网络伦理道德与信息安全意识等。依据上述三个方面的要求，我们认为“学会学习”至少可以从三个方面来考量，即：培养批判性和创造性思维，形成反思意识；利用互联网形成深度学习；培养自主学习能力，养成终身学习意识。

在过去，教育是指教给人们某些东西。现在，教育必须培养个体具备可靠的能力和探究技能，使他们在不确定性、多变性和模糊性世界里应对能力日益增加，尤其是当下互联网正在改变以往的学习方式，主要表现为：[2]

（1）计算机科技发展，使信息的获得途径和更新速度发生了根本性变革。在网络的帮助下，学习者可以获得来自世界各地最好的网络学习材料，而且，由于信息科技的高速传播特征，每个学习步骤、学习行为和学习的整体水平都可以立即得到反馈。对学习者心智条件和学习行为快速反馈，实际上加快了学习的速度，包括学

[1] 林崇德：《21世纪学生发展核心素养研究》，北京：北京师范大学出版集团，2016年，第10-11页。

[2] 郑燕祥：《教育范式转变效能保证》，上海：上海教育出版社，2006年，第108-109页。

习者的认知改变和行为改变。

（2）IT 的发展，使得在自我学习过程中用测量理论评估任务完成情况成为可能。可以利用科技进行即时计分、计算机自动适应测试、自动资料记录和计算机专项建构。高级评估方法可以大大提高监察、反馈的质量和精确度，学习质量和机会就能得到相应的保证。

（3）IT 的发展，使得评估从传统的纸笔模式转变成视像化的多媒体任务进行表达和提交，这样可以详实地追踪学习过程的情境表现。一方面利用网页存取的信息监察学生的学习过程，包括与任务有关的重要信息；另一方面利用网络查找信息的时间、浏览每个网页所用的时间、对已有概念图的修正等。这些信息都是有用工具，帮助理解学习过程的复杂特性，改进学习策略、行为和成果。

（4）IT 环境打破了距离障碍，使学习者可以远距离学习，并在学习者之间创建联结。它将学习者、教师、家长、资源者和其他相关专家构建成一个网络，学习者就有更多的机会进行社群互动、分享经验和交流信息。一个支持和维持个体学习者进行自我学习的网络化的人际环境就建立起来了。

南希·玛居里斯在《勾画内在空间》一文中提出：你的大脑有 1 千亿个活动细胞，每个细胞都能建立起 2 万个像树枝一样的联结点。每一分支存储相关主题的信息，良好的记忆力就基于关联。如何在网络化人际和 IT 环境中完善学习过程，是教育实践中一个重要问题。❶

4. 终身学习

20 世纪中叶，有一些心理学家感到，现有的心理学没有恰当地探讨人类的思维能力、情感体验和主宰自己命运等问题。这种心理学过于关注“严格”的研究方法，以致忽视人之所以成为人的实质性的东西。到了 20 世纪 60 年代，这些心理学家观点逐步形成一种学派，这就是人本主义心理学。它认为心理学应该探讨的是完整的人，而不是把人的各个从属的方面（如行为表现、认知过程、情绪障碍）割裂开来加以分析。其中代表人物罗杰斯特别强调意义学习。

---

❶ 珍妮特·沃斯等：《学习的革命》，顾瑞荣译，上海：上海三联书店，1998 年。

所谓意义学习，不是指那种仅仅涉及事实累积的学习，而是指一种使个体的行为、态度、个性以及在未来选择行动方针时发生重大变化的学习。它不仅仅是一种增长知识的学习，而且是一种与每个人各部分经验都融合在一起的学习。罗杰斯还认为，意义学习主要包括四个要素：第一，学习具有个人参与的性质，即整个人（包括情感和认知两方面）都投入学习活动；第二，学习是自我发起的，即便在推动力或刺激来自外界时，但要求发现、获得、掌握和领会的感觉是来自内部的；第三，学习是渗透性的，也就是说，它会使学生的行为、态度乃至个性都发生变化；第四，学习是由学生自我评价的，因为学生最清楚这种学习是否满足自己的需要、是否有助于获取自己想要知道的东西。由此可以看出他认为学习与学习者自身有着很大的关联性。

同时，罗杰斯还认为，人生来就对世界充满好奇心，但这种好奇心往往又会在学校教育中慢慢变得迟钝。他认为，在合适的条件下，每个人所具有的学习、发现、丰富知识与经验的潜能和愿望是能够释放出来的，这种心理倾向是可以信任的，而这也是学习者渴望学习的天性。由此看来，学习的自主意识（自主学习）是成功学习的关键所在。当学生自己选择学习方向、参与发现自己的学习资源、阐述自己的问题、决定自己的行动路线、自己承担选择的后果时，就能最大程度上从事意义学习。它比消极被动地学习有效得多。只有当学生认识到这是他自己的学习后，他才可以一直学下去，全身心投入到学习中。

第三次浪潮教育改革追求的是教育“三重化”的新范式，学生和学习情况与传统的范式截然不同。在新的范式中，学习是没有边界的，其特征表现为个人化、本土化和全球化。学生成为教育的中心，学生学习的目的在于满足其个人需要和发展他们的性格，尤其是以最理想的方式发展其潜在的多元智能。有必要为学生提供个人化的和根据个人需要设计的教育计划（包括目标、内容、方法和课表）。在恰当的指导和推动下，学生可以进行自我驱动的学习活动和设计个人化的学习活动，而且学习成为一种自我实现的、发现性的、经验性的和反思性的个人发展及成长过程。[1] 鉴于此，我们所关注的学习焦点是学生如何学习、如何研究、如何思考以及

[1] 郑燕祥：《教育范式转变效能保证》，上海：上海教育出版社，2006年，第108-109页。

如何创造。并把这种学习的特性内化为个人终身素质的一部分，学习应该变成一件有趣味的和富于自我回报的活动。

一旦学习成为学生自主的要求，学生的学习积极性就会被激发，学生就会把学习知识变成探索问题。而在学习中能不能学会寻找问题、发现问题、分析问题、解决问题，是衡量学习成败的根本标准。以知识为导向的学习，学习者往往处于被动接受的状态，处于等待正确答案的状态，没有积极性；以问题为导向的学习则完全不同，它没有标准答案，得到答案本身并不重要，重要的是探索问题的过程。而在这个过程中，学习者本身成为真正的主体，成为主动的探索者。

同时，学习也不是一蹴而就的事情。随着社会不断进步，人类越来越接受这样的新观念，现代社会的人们注重社会进步和自我发展的统一，推崇符合人性的、有助于人格和谐发展的生活，追求更完善、更为崇高的人生目标。其中，教育是人们实现其新的价值目标最为重要的途径。传统文化的危机以及同喻文化、后喻文化时代的到来，也要求人必须终身接受教育、不断学习，以适应变化日益加速的社会。

联合国教科文组织国际 21 世纪教育委员会的《教育——财富蕴含其中》指出，在新的时代背景下，应该重新思考和拓展“终身教育”的含义，终身教育是“与生命有共同外延并已扩展到社会各个方面的连续性教育”，应该让学生学会认知、学会做事、学会共同生活、学会生存，使每个人都能生动地了解世界、了解他人和自己。终身教育思想不仅从生命的长度——人的一生——这个维度强调人不断受教育、不断学习的重要性，而且还从生命的广度和深度强调教育发生在生活的各个场所（家庭、学校、社会等），教育也拓展了生命潜能的充分发展（身体、认知、情感、技能等），它打破了传统教育在时间和空间上的限制，把人生各个阶段影响人的发展的各种因素有机地结合起来，并将持续学习推及人生各个阶段。

随着网络学习的开展，通过多元的信息分享和相互鼓励，学习网络将成为主要的学习氛围和多元学习效果的驱动力。学生在不同地方都可以拥有一组终身学习的学习伙伴，去分享学习经验。终身学习可以发生在任何地方，对个人来说，教育是高水平的终身学习和发现的一种体验。

我从教三十多年，几乎是每十年上一个台阶。本科毕业后被分配至一所县城高中任教，那时候基本上老师都是一本书、一支粉笔、一根教鞭打天下。这一个十年，我熟悉了所有的高中语文教材，熟悉了班主任及教师的育人相关经验，但在教学研究上几乎是空白。也许那个时候觉得教好书就可以了，中学教师没必要做科研。让我真正觉得教师是反思性研究者，必须要结合实际做一些基础研究的还是在安徽师范大学攻读教育硕士期间，那时的我从教十年了。考教育硕士的初衷只是想自己还有潜力，想多学一点知识，从某种角度上来说是形势所迫。那时候全国新课改刚刚起步，很多的新思想、新理念冲击着教育界，要适应这些改革，教师必须做一些实时的变革，于是我选择了报考教育硕士。在安徽师范大学学习的过程中，我了解到知识变革的高速度，毫不夸张地说，知识不再是一劳永逸的获得过程，它几乎每过三年五载都会翻新变化，作为一名教师，如果不主动去学习、去改变，那就很容易被时代淘汰。虽然只是短短一年的脱产学习，虽然硕士论文现在看来还远远不够成熟，但毕竟它打开了我终身学习的窗口。硕士毕业后，因为我所在城市的一所师范学校升格为师专，需要一批硕士毕业研究生，我又阴差阳错地由中等教育过渡到高等教育。从 2002 年开始，我一直在师专任教语文课程教学论和其他学科，这期间，我逐步喜欢上写文章，谈谈自己的心得见解。我的第一篇论文《如何在语文教学中培养批判性思维》就是这个期间完成的，并有幸被中国人民大学书刊中心《中学语文教学》全文收录。这期间我还在《语文学刊》《教学与管理》等刊物上发表了几篇教育教学实践感受的文章，也因此很庆幸地评上副教授职称。我在师专工作十六年，见证了师专招生学生的素质一步步下滑的过程。我个人认为我是个有些超前意识的人，我当时就觉得如果师专不升格，将来就会遇到招生难的困境，重新步入当初三级师范生死存亡的境地。2009 年开始，我再一次准备攻读博士学位。准备考试期间，我花费了大量的时间去了解教育学及其相关知识，做了厚厚的几本读书笔记，虽然因为长时间伏案学习导致腰肌劳损，严重时甚至不能直立，但我还是选择坚持。记得当初考博时，我常常在家旁边的解放军第八六医院后边的六角亭背书，那里环境优美、植被丰富，凉亭成为遮挡风雨和烈日的最佳庇护。我大概坚持了两年多，以至于一群晨练的老人都慢慢地认识了我，甚至还招来了几个如我一般的读书人。那段时间几乎每天有近九个小时在书本上，除了上课、备课、改作业以及下午两个小时的体育锻炼，绝大部分的时间都用在读书上。其中还要克服其他人的冷嘲热讽，因为像我这样的年纪在当时的中学老师里也算是个老教师了，大部分老教师都安于现状，上上课、打打牌、吃吃饭，很少有像我一般整天掉书袋的这种，所以这些人经常背后说我自得其乐。我听后往往一笑置之，知道不在一个平台唱戏很少能有共同的话语。如今回忆起那段艰辛的时光，我倒是觉得特充实，通过学习我知道了很多知之甚少的教育学内容，接触了一些名家对教育学的看法，逐步认识到不读书就会慢慢变得浅薄，甚至会夜郎自大。

2011 年，我如愿以偿来到自己向往的南京师范大学读书，刚入学那会，还沉浸在步入高等学术殿堂的喜悦之中，但是很快我便发现读博的过程是一个漫长而艰巨的过程。就拿南京师范大学来说，博士在读期间必须发表两篇 CSSCI 期刊小论文，才具备答辩的资格。两篇 C 刊其实对于一个博士研究生来说也不是一件很容易的事，如果要提高要求还需同自己的毕业大论文方向一致，这样的难度系数会加大。全国 CSSCI 期刊就那么多，每年有那么多博士、硕士研究生，加上还有很多教授需要完成每年的科研业绩，对一个初出茅庐的研究者来说，无疑是难于上青天。小论文的压力贯穿于博士学习的整个过程，以至于很多博士研究生加班加点读书写作，目的是尽快上岸，争取顺利毕业。记得以前网络上有个笑话，说倘若你恨一个人，就去让他读博士。乍一听起来觉得很好笑，恨谁还让他读博？其实只有过来人才知道其中真正的内涵。当然，博士学习其实是一个人学术研究提高最快的过程，因为你接触到的都是学术界的泰斗（博导）或者是“青椒”（博士研究生），虽然博士研究生不能说都是学术上有造诣的人，但他们中的大多数都是怀揣梦想，对学术感兴趣之辈。我记得读博期间最快乐的时光就是和同博士公寓的同学一起在老校区的操场上散步，大家你来我往，探讨学术中感兴趣的话题，其中不乏争执，不乏歪理甚至不乏面红耳赤，但大家对学术的态度都是认真严谨的……争执的过程其实也是一个提高的过程，向别人的思维取经，发现自己的不足，也许就是一个博士生必经的成长之路。一路艰难险阻，终于在 2015 年我顺利地拿到博士学位（如图 3-2 所示）。当时的我已超过四十五岁，算得上一名大龄博士了。

促成我执着地去学习的还有外在因素，这就是 2010 年去南京大学参加博士研究生考试，听力测试教室里坐着一位满头银发的老者，很多考生都把他当作监考老师，咨询他这个教室是不是有其他活动。老者笑而不答。后来我才了解到，他其实

图 3-2　南京师范大学博士毕业典礼

是某位高校的教授，就是想提高自身才来参加博士研究生考试的，看着他这么大年纪还如此坚毅，比他年轻很多的我，还有什么不努力的借口？在读博士期间，我发表了两篇 C 刊且都被人大复印资料《教育学》《中小学教育》全文转载，两篇北大核心期刊，基本上和我研究的论文方向是一致的。在导师们的精心培育下，当我邀请我的夫人一起参加毕业典礼之时，我深刻地感受到终身学习的重要性和意义。博士毕业后我顺利地评上了教授职称，好多同事都和我说，你的人生大目标都已经实现，接下来还想干啥，休息休息吧。此时，我都笑而不答，因为我知道，学习的脚步永远不能停息，在知识更新如此快速的时代，我们必须紧跟时代，时时刻刻不能忘记终身学习这个观念。2018 年，五十岁的我再一次挑战自我，离开家乡的原单位，只身一人来到广东韩山师范学院任教并兼职华南师范大学教育硕士导师，不一样的环境，不一样的高教阶段同样对我来说是崭新的学习，我同样会继续终身学习的理念，做好自己的工作。

（三）文化传承是根基

儒家文化在中国影响颇深，儒家甚至把教师这个职业尊称为圣人所为。今天，作为一个身处社会主义国家的教师是不是就不需要传统文化的熏陶呢？显然不是。

我在韩国又松大学公派交流一年期间，深刻地感受到儒家文化对韩国的影响，无论是社会关系还是人伦至亲，儒家文化都给韩国的教育打下了深深烙印。

儒家文化的核心要素乃是仁、义、礼、智、信，我在韩国一年里，深深感受到它的强大生命力。

韩国的教育里充满着“仁”的内涵，上到国家层面的有教无类，下到学校之中的帮助困难邻里，无不彰显“仁”而爱人之主旨。它拉近了师生的距离，体现了和谐的师生关系。我记得刚到韩国大田市（又松大学所在地），人生地不熟，语言又不通，想给家人买点东西都十分困难。后来我找到我教的一位学生，咨询他大田市有哪些大的商场。没想到他很爽快地告知我一些新城区的商城，并答应开车带着我去，还义务充当了一回翻译。原谅我忘记了这位男同学的名字，因为韩国的姓氏名称的确很难记住，但这种友好的师生关系不正是当下我们所追求的良好的师生相处模式吗？

有关“义”的内容在韩国学校教育里比比皆是，从师生携手帮助困难居民搬运煤球，到又松大学期末考试考场纪律，都实实在在体现了学生知正义、莫乱为的道德品行。在又松大学执教本科生、研究生课程，所有课程考试没有出现过一次作弊的现象。

知书达礼，尊重长者是韩国教育的另一个风范，在韩国上课，每次下课同学们都会起立齐声说：辛苦了，老师！此时，就算是一节课再累，也瞬间感受不到一点倦意。在校园，遇到认识的或是不认识的学生，都会深深鞠躬，说：老师，您好！对长者的尊重在韩国社会关系中体现得淋漓尽致。有一次，我和一位来自河北石家庄学院的老师一同去大田火车站市场买菜，路过大田市火车站。那一天是周末，我惊奇地发现在火车站广场上坐着很多老年人，我诧异地问同行的同事是咋回事，她笑着说，你不知道，这是韩国大田市的公益活动（如图 3-3 所示）。每个周末，大田市的老年人都可以来广场这边就座，等着年轻人给他们提供免费的餐食。韩国尊老风尚在家庭成员中表现尤为突出，敬酒一定是晚辈孝敬长辈，不能弄错辈分。我刚到韩国又松大学还闹了个笑话，教师们聚餐，我给年轻的韩国教师敬酒，甘校长笑着对我说，王老师不能这样的。我起初很疑惑，后来经她解释我才知道这里边的意义。

图 3-3　韩国大田市周末公益活动

“智”的含义就是明白事理，表现在教育方面就是尊重知识。韩国是一个非常注重知识的社会，公务员、律师、医生和教师都是韩国薪酬高、受尊重的阶层。为此，韩国的孩子们十分注重自己的高考，每年韩国高考之时，都像是面对一场核战争，全韩国都气氛凝重。

至于“信”更是人立身之本，韩国对信誉看得非常重，如韩国法律明确规定不能售卖香烟给未成年人，如果违规，最严的处罚是赶出这个行业。在韩国，一张银行卡走遍天下，银行卡也没有密码，根本不用担心遗失后被盗刷，因为韩国法律对这种盗用信誉的行为定罪非常严重！

我不是要刻意渲染韩国社会怎么怎么好，重要的是我通过一年在韩国的交流，真真切切感受到我们传统文化的魅力所在。以此推而广之，我觉得教师必须具备传统的文化素质才可以胜任，不是复古，而是明道。那么现代社会的教师应该具备哪些传统文化素质呢？我个人以为有以下几点：

1. 仁爱之心

前文我们已经说了教师的爱心，爱每个学生并把他们看作自己的孩子一样，这是一个好教师的基本准则。这里的仁爱更多的是一种大爱，是一种无差别的爱。从教多年，我感受比较深的是每个教师基本上都喜欢成绩好、听话的孩子，那些成绩差、有问题的孩子却很少被待见。在当下倡导教育公平的时代，做教师的要有一颗包容的心，善待每一位学生。不能以学生的成绩甚至家庭出身为标准，戴着有色眼镜来看。每个学生都有自己的优点和不足，善于发现学生的优点，公平公正地对待每一位学生，是教师走进学生心灵的基石。

就拿教室座位分配这个问题来说，很多家长为了让孩子坐到好位置，动用各种方式来谋取利益。有的给老师送礼，有职务的家长甚至亲自出面，期待老师（班主任）给予照顾。遇到这种情况，很多班主任老师不得不委曲求全，满足家长的不合理要求。我做班主任老师很多年，在座位安排上从来都是流动性的，学生成绩进步就往前排挪，退步就后移，这样的做法现在看来未必正确，但至少不至于让学生认为班主任老师是势利眼。对于学生家长表达的心意，我基本上都是婉言谢绝，实在推脱不了，我也会送他们一些地方特产，以免陷入“吃人家的嘴软，拿人家的手短”的境地。从教这么多年，毕业班学生吃“散伙饭”，我基本上不参加，而且我还不主张学生吃这个所谓的“散伙饭”，理由就是，他们现在用的是父母的血汗钱，等他们将来有工作返校请我吃饭，我会毫不犹豫地接受。也许这么做，有些人认为是不近人情，但我却有自己的原则。孩子们其实也能理解，他们知道老师对他们是真心还是假意。这么多年来，我带过的学生不计其数，也有学生由于各种原因会回母校，他们工作后带给我的家乡特产我都收下了，但每次学生来都说老师您就让我请您吃个饭，不是您说的有工作后会接受吗？此时，我都笑着说，哪能呢？你们远道而来，老师要尽“地主”之谊，学生们也不好矜持太久。公平看待每一位学生，把学生看作是自己的孩子，这是教师仁爱之心的根本体现，也是师德建设的根本要务。

2. 正义之举

鲁迅先生曾经说过“横眉冷对千夫指，俯首甘为孺子牛”，教师的正义之心就是要能明白一身正气，毫无私心，笑迎良善，冷对丑恶。古人云，“其身正，不令则行，其身不正，虽令不从”。教师作为一名学生心目中的楷模，其一言一行都会直接影响到学生。在险恶的环境下，教师理应奋不顾身，彰显为人之师的良好风范。记得我从教中学那个时间段，学生群体中模仿电影、电视中的黑恶势力打斗现象在学校常常出现。那时候我任高中一个班的班主任，有一次课间操，高一年级和高二年级学生因为互相看不惯，在课间操结束后在操场上斗殴，那个场面堪比电视剧中的打斗情节，全校师生甚至包括学校领导干部都远远观望，不敢上前拉架劝架，生怕砖头打中自己。在这种情况下，也许自己当时年轻，我义不容辞地冲上去大声呵斥，让他们停手。或许是老师的威严呵斥让他们心虚，抑或正义永远不会败给邪恶，他们居然都停手而去。我望着这些参与斗殴的孩子们离去的背影，心情非常沉重。假如我和那些站在操场旁边不插手的老师一样，假如因为我们的袖手旁观导致学生在校园内出现重大伤害，再假如这些参与群架的孩子里边有教师自己的子女，我们的良心能得到安宁吗？

3. 礼仪之行

教师通常被社会所共同倡导的是“为人师表”，也就是说，教师行为具有高度的示范作用。所以，陶行知先生说：“学高为师，身正为范。”这八个字高度概括了教师的日常行为规范。中国历来是礼仪之邦，而教师作为知识分子，也被社会誉为太阳底下最神圣的职业。教师的言谈举止、行为习惯都具有一定的表率作用，这里我想分享一个我所听说的小笑话。一位年轻的女教师曾经在办公室说她的先生何等的不拘小节，她举了一个事例，说有一天她先生忘记了周一早上第一二节有课，八点上课，这对小夫妻睡到七点五十学校上课预备铃响才醒，她先生一下清醒地意识到早上第一二节有课，为了不迟到影响教学，她先生脸不洗、牙不刷，直接穿着棉毛衫裤奔向教室，弄得学生哄堂大笑。我们姑且不讨论教师的责任心问题，单单就穿着棉毛衫裤去教室，本身就是不严肃的行为，难怪学生会哄堂大笑……从教这么多年，我个人认为，严格要求自己的行为，给学生做好的表率就是最好的身教重于言教。

我刚调入韩山师范学院之时，学校两个校区相距十多千米，开车需要近二十分钟。从校园本部去韩东校区那条路是交通要道，路上车多且堵车现象时有发生。为了保证上课不迟到，我通常都是提前一个小时出发，冬季早上第一二节课七点五十上课，往往我出发的时候天还是蒙蒙亮的，加上我得起早做早饭，大部分时候五点半就起床了。原因很简单，我不想让学生看到老师迟到，哪怕是一分钟都不行！从教三十多年，我养成一个比较好的习惯，每学期开学之初，我都会按照课表上安排的教学地点去实地考察一下教室的位置以及教师的设备情况，知己知彼方能百战不殆。每一节课我都会提前半个小时到教室，做好课前准备，调整好课前状态。这样一来，往往我的课都是我第一个到教室，然后面带微笑迎接每个同学进入教室。我并未意识到这样的行为会给学生带来什么变化，直到有一天，我教授过的一个班的“班级管理学”老师告诉我，很多学生在他们的作业里提到我，其时我已不带该班级的课程，孩子们居然还记得我！我饶有兴趣地让那位老师把学生的作业发给我，他非常配合地打包成文件悉数发来，我才知道，就是这么一个持之以恒的习惯，却让同学们觉得不好意思迟到，改变了他们中间很多人迟到的不良习惯。我时常说课堂就是战场，没有严格的自律行为和责任心很难打胜仗。

就在这个班级，因为他们是地理旅游专业的学生，我带他们教育学这门课程时中途要出去考察地质地貌，他们那时去的是庐山，我告诫学生安全第一，预祝他们考察成功。没想到学生考察回来居然还给我带了吃的，我真的很感动！作为老师我不能拿学生的东西，但不接受学生的一片心意也说不过去。于是，我利用课余十分钟感谢了大家的礼物，并说既然学生把吃的送给我，我就有权支配，所以我选择分享，与大家一同品尝来自庐山的关切。同学们哈哈大笑，我也没觉得会给学生带来什么影响，完全出于自发状态，可学生作业里边却深深地记下了这件事。教师的行为潜移默化地影响着每一位学生，知礼仪、懂感恩、严要求、重细节或许就是言传身教中的身教之重。

虽然只上过一学期的教育学课程，但是我仍可感受到老师的教学魅力。每次上课，老师都会提前二十分钟到达教室，从未迟到或压点进来。每每走进教室，我都能看见老师在等待上课，这给了我一种无形的规范力，下次一定要更早点到。偶尔会有一个学生迟到，老师会规定他从前门进来。这方便老师知道你是否迟到了还是有其他事情。课上，老师会鼓励男女生同坐，不同的思维交流容易迸发出新奇的观点。老师的赏识教育也很出色，有次课间休息，一个坐我前排的男生，水杯里的水不小心洒了出来，同学们忙着递来纸巾，挪开他的书包课本。老师看到这一幕，当即抓住时机，夸赞了同学间互助友爱的一面，闲聊了自己上大学期间，曾帮助同学在下雨天将行李搬到车站，后来没想到会因为这件事被大学同学想念很久。那位水洒了的男生全听了进去，放假前，他也帮班里的同学搬行李，有同学水杯忘带了，他还专门跑回宿舍楼拿。

老师的最高教育境界应该就是这种潜移默化，润物无声，默默地成为你说的那种人。我很喜欢这种有一定明确规范的课堂，也很喜欢这种赏识教育（不是很泛滥的赞赏，而是适时且又恰如其分，点到为止）。另外，不得不说，老师既心细又交心，同学们都喜欢老师这几点。有时候，自己会想是否也能成为这样的老师呢？

（2017271123 郑媚绚）

王老师每次都会提前半个小时到达教室，上课会提问坐在后面、或迟到的同学回答问题。我觉得这样做特别好！教师提前到达教室，能够为上课做准备，进行有序的课堂教学。学生看到老师比自己还早来，潜移默化中，学生坚持早到教室、减少迟到的现象。同时，老师也利用这段充足的时间，观察学生的言行举止，更好地因材施教。每次上课很多同学坐在后面，这不利于集中注意力听课，容易在下面玩手机、打游戏等，而老师提问坐在后面的同学能够“倒逼”他们往前面就坐，让后面的学生注意听课，减少他们分心做与课堂无关的事情。

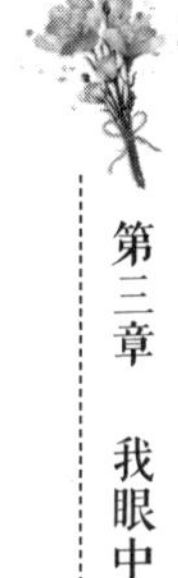

（2017271125 陈佩纯）

大学是一个人对未来充满憧憬的人生重要阶段，当然老师的教育方法也已经和小学、中学时期的很不一样了。而对于大学阶段的老师的教导行为的评价标准，我是着眼于老师是否能够给予我们大学生更多的魅力、资讯和尊重。

现在，让我记忆犹新的是大二下学期遇到的《教育学》老师——王老师。虽然他不是我们的班主任，但是能够让我们感受到他拥有很高的学识，喜欢和他成为朋友。我印象深刻的是他和我们经常说的四个字——良师益友，他认为师生最好的关系是良师益友关系，也就是做老师的应该在教导学生的同时，成为对学生有用的“好朋友”，我很赞同他的观点。王老师每次上课都会比我们提前半小时到达教室，然后坐在讲台上以微笑迎接我们的到来，我能感受到老师很温馨，觉得老师和我们的距离很近，也许这是“良师”在发挥作用了。上课的时候，他没有从头到尾都讲课本里的知识，而是结合他以前的从教经验来讲解为人师表的重要性，从心底里让我们知道日后该如何做一名好老师。

有一次上课，我们从庐山见习回来给王老师带了一包茶饼，王老师没有拒绝，而是连声谢谢就收下了。让我感到惊奇的是，他不是拿回去自己吃，而是在下课期间和我们分享，他说，这包茶饼是我们送给他的，他认为和我们分享，茶饼的味道会更加好。那次课，我们上得非常开心，而我更是从心底里喜欢老师，佩服老师，甚至在下课的时候，都跑到老师面前，向老师要了微信号来进行交流。

（2017271107 李亮芳）

4. 广博知识

人们常说，要给学生一杯水，教师就要自己有一桶水。尽管现在有些教师资格证考试试题对这一说法不予认同，认为教师不能仅仅满足于一桶水，而应该是拥有活的水，永远保持知识的积累和更新。从教师自我成长和更新的角度，这种说法有一定的建设意义。但完全从字面意义的角度来否定教师要有一桶水这个判断，恐怕有失偏颇，甚至吹毛求疵。要给学生一杯水，教师就要有一桶水本身就是一种比喻说法，正如同说弯弯的月亮像一只船，如果我们硬要说弯弯的月亮不只是像一艘船，它还能发光，所以弯弯的月亮是一艘发光的小船（乃至圆盘）等，就有些不太符合语言的想象逻辑。本身比喻的方式就是要本体和喻体有相似性，没有说本体和喻体不能有丝毫不同。倘若那样，虽看似严密，但已经丧失了语言本身固有的想象力和情趣性。教师的一桶水是可以通过自身发展不停增长的，没有谁说一桶水就是死水，因而也就不存在判断的不合理性。当下，很多学校都强调要加强内涵建设，而内涵建设的首要任务我以为是加强教师的知识积累和增长，否则，学校内涵建设没有良好的师资作保障，一切都只是流于形式罢了。

教师的广博知识来源于哪里？这个问题其实不用探讨，“板凳要坐十年冷，文章不写一句空”。教师的知识储备一定是长期读书的必然结果，尤其是一个文科教师，你对自己所教授的学科不多读几本书，不拓展自己的阅读空间，想要做到融会贯通，信手拈来基本上是不可能的。我在安徽师范大学读本科期间，明清小说研究是由赵庆元先生执教的，记得他上课基本上是不带书的，说起《三国演义》《金瓶梅》某章某节，几乎是倒背如流，我们学生当时都觉得非常好奇，赵老师竟有如此超凡的记忆力，莫非是天才。于是课下我们就找他聊天，问先生是如何记得那么多古籍的，先生说，我都是自己抄写数遍才记得的。先生为人真诚坦荡，我相信他说的是真的。虽然先生已经离开我们数年，但先生的音容笑貌还深深地印在脑海里，尤其是我本科毕业之时，去他家请教毕业论文，先生正在吃饭，喝着小酒，看我敲门进来，笑呵呵说来喝几口，我那时不胜酒力，婉言谢绝，先生开玩笑地说，不喝酒不给看论文。虽然最终先生还是没强人所难，但他亲切的态度却深深印在我的脑海里。俗话说，好记性不如烂笔头，大概就是说做读书笔记的重要性。我在安徽师范大学读本科期间，中文系有好多泰斗级的大师，如余恕成、刘学锴、蒋立甫、梅运生、鲍善淳、程志中、朱良志等，每位先生上课几乎都是不完全按照书本来的，他们有自己的知识体系，他们的讲稿都是融汇了自己研究的结晶。他们扎实的功底和严谨的学风都是来源于长期在自己的学科领域积累的结果。所以，20 世纪八九十年代，安徽师范大学中文系在全国还是有一定影响力的。

反观现在的有些教师，书没有读几本，对学科前沿性的东西知之甚少，上课基本是照本宣科，纵然是课件做得何等的花哨，其结果也不过是墙上芦苇，头重脚轻根底浅；山间竹笋，嘴尖皮厚腹中空罢了。我个人以为，教学中内容胜于教学形式，形式要服务于内容并为内容提供更好的展示，而内容却只能取决于教师内在修为。当然，一名教师除了内在知识以外，还要具备一定的实践知识，也就是通常我们说的教学实践经验。在这个问题上，其实也还是需要新手的反思积累，教无定法，教学有法。一个成熟优秀的老师，一定是具备丰富的内涵知识，且不断在教育实践中反思，最终形成自己教学风格的专家。

5. 言出必行

教师的威信是一点一点在日常师生生活中树立起来的，古人云，“一言既出、驷马难追”，教师的威信首先要做到言必行、行必果，即言出必行。记得有一次学校组织考试，我监考的是音乐教育五年制师范专业的学生，其实那时五年制高职高专的生源是比较差的，好的初中生源大部分选择上高中去考大学了，剩下来选择高职高专的生源基本上都是达不到普通高中录取分数线的学生。这些孩子年纪小且学习习惯较差，因而学习的氛围非常差。记得那次考试我监考这样的班级，人数超过七十人，按照考试要求，我在开考前做了清场的准备，学生们都交上自己的手机、书包和参考书籍，尽管表面上看学生座位上干干净净，但我巡查过程中却惊奇地发现，学生在自己坐的座位的桌面上用笔写下了很多本门课程的内容，甚至还有学生把相关内容写在自己的身体上。我意识到如果不及时处理，后边考试将很难正常执行，于是我在试卷开始发放之时就严肃地对他们说，考试纪律必须严格遵守，不准在自己座位或者其他地方记录与考试相关的学科内容，否则以作弊论处，考试试卷当场收回，分数清零。现在离考试还有几分钟，如果同学们之前写过相关内容的现在清除还是好学生，否则开考后被监考人员发现就以作弊论处，没有讨价还价的空间！没想到我话刚说出口，就听到讲台下一片橡皮擦桌子的声音。我以为这种劝导会让所有考试学生引起注意，打消他们侥幸的作弊心理，却不知考试中还是有学生冒天下之大不韪，公然把后座同学的试卷拿到自己手里，想放在自己试卷下边抄袭，不料被另一位监考教师抓个现行。监考教师没收了他的考试试卷，他呆呆地坐在自己座位上，眼里满是泪水和后悔。我看了一下这个学生的试卷，几乎是空白的，原因是考试刚开始，他想抄也抄不了。于是我和那一位监考教师商议，本着惩前毖后、治病救人的方式，我先把这个男生叫到教室外边，语重心长地告诉他这种行为的错误性，告诫他做人诚实是人品的基石。同时告诉他这种行为虽然没有抄袭到什么，但性质上就是属于作弊，如果上报学校会给他带来一系列的处分。考虑到没有造成极大危害，再加上他改正错误的态度是真诚的，我们还是考虑从轻处理，给他一份空白卷，让他重新考。至此到考试结束，这个小男生一直认真考试，再也没有出现其他违规违纪的现象。虽然这样做，从刚性的角度来看，有悖于学校的考场纪律，但鉴于这个学生考试前几分钟想实施作弊行为，但未造成恶劣影响的实际情况，我认为我和另一位监考教师既然说了就要言而有信、言出必行，给他再一次重考的机会，毕竟教育不是为了惩罚，而是引导学生的良善。

当然这种刚柔并济的方法也要分场合，有些情况下就必须刚性至上。有一年我参加高考监考，有个女生考外语时因为时间分配不均，考试铃声响起还没能把答案全部填写在答题卡上，当我走到她身边收取试卷时，她用祈求的语气对我说："老师给我两分钟时间可以吗？”，我断然拒绝了她的要求，也许这个女生会因为几分高考落选，也许她会记恨我一生，但高考不是一般的考试，它的纪律规则是绝对刚性的，不容丝毫变动和同情，因为它涉及千家万户，涉及对每一位高考考生的公平。同样的事例说明了一个道理，教师的言出必行是可控方位的，也就是有个度的。有些规则是国家的大政方针，是极具刚性的法律法规，对于这些，老师只有无条件地服从，不能自己搞一套。否则，看似体现了教师的权威，实际上却违背了法律法规，损害了教师的公职人员的形象。

6. 严而有则

每每和同仁们聊起现在当教师，大部分同行都会笑着说现在的教师不好当！其主要原因是现在独生子女多，教师不太敢管孩子，弄不好家长投诉，教师只有背黑锅的份。的确，现在的家长及孩子维权意识远远超出我们上学的那个年代。我记得我上中小学时，父母把孩子送到学校，大部分家长都会认真地对教师说，孩子交给您了，不听话尽管揍！当然那时的教师也没有几个真揍的，但家长的确是真的支持教师严格要求孩子的。但是现在估计没有哪个家长会这样对教师说了，就算说了，也不见得真舍得教师体罚自己的孩子。再说，教育法律法规也明确规定不能体罚学生。但是不是担心自己被投诉就忘记了自己作为教师的职责呢？显然不能。我个人觉得，教师的原则一定要严，严是爱，不是害，但严而有度，严而有则。

刚来韩山师范学院的时候，我有幸执教体育学院的孩子们，我执教的是他们的师范生公共课“教育学”。体育学院的孩子有他们自己的特性，男生一般都比较重情重义，精力旺盛。但不乏也有些孩子们可能是运动过量，上课无精打采现象时有发生。记得班上有个姓范的同学上课经常会迷糊，我就严格要求他，让他上课坐在第一排，还当着全班同学的面，和他定了个君子协定，要求他做个说话算话的大男人。也许正是这样的严格要求，一学期下来他真的改变很多，始终如一坐在第一排的位置，也根除了上课犯困的现象，学期结束时，我就兑现承诺，当着全班学生的面狠狠地表扬了他一通，说他就是个说话算话的真正男子汉。最后一节课上完，他给我发了一条短信，感谢我对他一学期的“照顾”（如图 3-4 所示）。

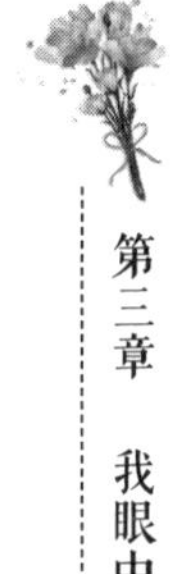

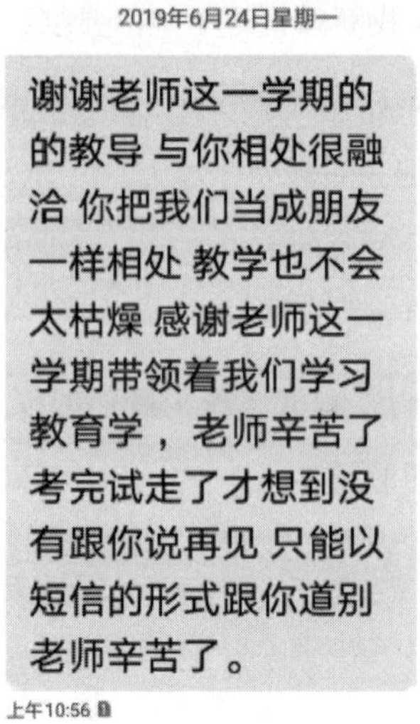

2019年6月24日星期一

谢谢老师这一学期的的教导 与你相处很融洽 你把我们当成朋友一样相处 教学也不会太枯燥 感谢老师这一学期带领着我们学习教育学，老师辛苦了考完试走了才想到没有跟你说再见 只能以短信的形式跟你道别老师辛苦了。

上午10:56

图 3-4　感谢短信

严格是对学生负责的表现，严格中还要有包容和原则，但不能一味地迁就、让步。学生做得好的，教师要及时表扬，做得不好的也要坚持原则，让学生知道自己错在哪里，如何改。同样在这个班级，有位男生期末考试卷面分数考得比较不理想，总评成绩折合也就 59 分。其实按照一般老师的习惯就可能放一放手，让他及格算了，但是我反复查看了这位同学的试卷，实在是复习不认真，好多卷面题目都是空白，学习态度不敢恭维。于是，为了让他改掉这个坏习惯，养成认真对待学习的态度，我就是按照教务系统自动生成的分数给了他一个 59 分，我的目标就有一个，让这个孩子改变既往的学习态度，认真对待每一门学科。可这也给我带来了麻烦，从学期结束到学期开始，这个孩子不停打电话央求我给他及格，说补考会影响他拿奖学金等。老实说我也有过给他及格分之心，但细想一下，如果我给了他及格，不仅会给其他同学带来不好的影响，认为考试就是走个过场，分数全在老师手中。同时也会助长了该位男生以后学习马虎的情绪，不利于教育他认真对待学习。于是我电话邀请他来宿舍详谈，并公开告知他可以去教务处查阅试卷。如果试卷批改错误，我负责给他改过来并向他道歉。这个孩子如期而至，我耐心开导他不是老师刻意和他作对，萍水相逢、无冤无仇，我干吗非得为难他，而是他学习态度有问题，试卷那么多空白不是他自己没有认真复习的结果吗？经过我细心开导，孩子思想有些通了，我又连忙抓紧时机告知他做好补考复习，并把他考试试卷做了认真分析，赢得了他的理解和尊重，爽快地答应我回去保证认真复习，把补考考好。本来这件事处理完毕也就没放在心上，可是后来通过这个班学生的微信我才知道，教师的严而有则会给其他同学有较大影响，给他们带去满满的正能量（如图 3-5 所示）。

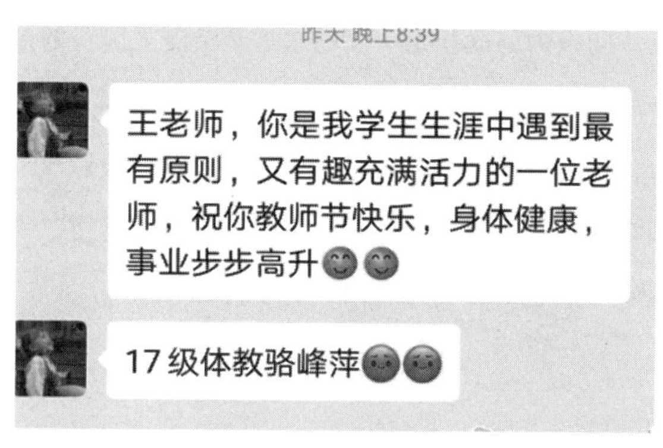

图 3-5　微信截图

（四）生涯规划

有人说一名新教师从懵懂的新手到较为熟悉的老教师需要花 5—10 年的成长期，我不太同意这样的笼统说法。其一是每个人的天性、禀赋各不相同，每个人的成长期就会不同；其二是教师这个职业不太可能成长期结束就万事大吉，一劳永逸。更多的可能是一辈子从教经历都在伴随着成长，没有一个明确的时间可以限定。但倘若你真的做好了从事教师这个职业的准备，那就要从开始做好相关的职业规划。

所谓职业规划即是指对职业生涯进行持续的、系统的计划过程。要做好教师这个职业，首先你就要设定自己的职业目标。你是想成为教师还是管理者？你是想成为哪个学龄段孩子的老师？这些都要做好前期规划。不是什么人都适合教师这个职业的，有些人天生管理能力强、喜欢和人打交道且应变能力强，这种人估计就得考虑从事管理工作；有些人喜欢清静、爱与书本为伴且思维清晰，那么这些人就比较适合做教师。我从教三十多年，做过教师也干过行政，总体上觉得自己还是比较适合做一名教师，所以早年毫不犹豫地放弃了行政职位，一直从事教书育人的教师岗位。老实说，行政也好、教师也罢，都是为学校服务，只是个人性格爱好不一，没有什么高低贵贱之分。我个人的经历也觉得自己不太适合在小学任教，不是我轻视小学教育，其实小学阶段的重要性不言自明，但我觉得小学阶段的那种教学风格可能不太适合我，所以我还是阴差阳错地从中学到了大学，一直在高校任教至今。

制订好自己的职业规划，明确了自己奋斗的目标，接下来就要考虑如何实现自己的目标。我比较认同教师的成长是一生中永远不会停下脚步的过程，所以目标也会不停地变化、提高。我以为一名有心的教师会制订短期和长期的计划，并为此付出坚忍不拔的努力，不断地提升自己的竞争力。我大学毕业后攻读硕士、博士，主要原因就是感受到知识更新和社会的发展，不想在竞争中落伍，所以就一直给自己“充电”，通过学习改变自己，实现理想和目标。

二、专业素质

（一）教育理论

记得有人曾经说过，好的教师是练出来的。美国也曾经把教师实践等同于医生临床实习，我个人对此颇有微词。诚然，一个教师的成长离不开教育实践，离不开教育教学经历，但仅仅是靠教育实践来打磨一名新手教师并期待将来他会胜任教师这一职业，我觉得这样的练习可能并不如意。原因就在于教师这个职业并不简简单单从属于实践，它需要在实践中反思提高，一步一个脚印去积累自己教育实践的经验教训。所以，有研究者把教师定位于反思性实践者，我个人比较认同。

那么问题来了，如何才能做到真正的反思呢？简单定义反思其实就是对认知的再认知。当然这个认知可以是自身的，也可以是别人的经验，有了对教育教学的反思，教师才可以不断地生成发展自己的教育理念和方法，逐步由新手蜕变成专家。要想能反思得恰到好处，反思的理性有所为，最重要的是对教育理论也有所了解，这样就可以避免浅表式的思考，深入到反思问题的内在，发现问题，解决问题。比如，新课程改革由注重结果转变到注重过程，很多人不理解，其实稍微了解课程知识理论，你会发现这是新课程涉及教育哲学的改变，即由原来的注重因果线性思维，逐步过渡到注重过程的哲学思维。再如，课程定义由跑道、跑的过程再到跑的体验等，其实不仅是隐喻的内涵发生了变化，更多的是课程由关注学科科目到经验主义再到后现代主义的理论变革。所以理论本身虽然是前人或者他人的主张，但只要是在实践中为人所用，就一定有它自身存在的价值。马克思主义哲学常说的实践是检验真理的唯一标准，大概也就是这个意思。

理论的重要性不言而喻，如果教师甚至教学管理者对教育理论不甚了解是很容易出笑话的。比如，某所学校十分注重教师的教学，规定教师在每学期之初制订自己的教学计划，安排每周教学内容，教师要严格遵守自己的教学计划，教务部门会随时随地进行听课。根据教师教学之初制订的教学计划，如果教师没有严格按照教学计划，在听课之时不是按照计划内容而实施，就将视为教学事故，追究任课教师的责任。这一规定看似要求严格，体现该校教务部门颇为认真的态度，但稍有教育教学理论常识的人就会发现，这一规定忽视了教学本身的弹性。教学过程不是机器生产的过程，每个环节每个部分都是鲜活的人的交往过程，有些时候，教学内容需要做适当延伸，可以在原有的教学计划做适度的拓展，这样的拓展有时候是生成性教学最佳表现；或有些时候教学内容清晰可见，无须补充拓展，浅尝辄止，如果一味地按照之前的教学计划，就有可能视教学为机器加工，从而忽视了教学中的核心要素，即人的主观能动性，把原本活的教学活动生硬地变成死的机器教学，这显然是有悖于教育教学规律的。还有的教务主管部门，把学生对教学的评价当作次要因素，教学评价中学生评价只占20%，这样的做法其实也是不符合教育教学规律的。对于教学的评价学生最有发言权，试想，如果我们作为服务人员，连服务对象都不满意你的服务，这样的服务我看也好不到哪里去。教学主管人员如果不了解教育教学理论，很有可能权力至上，让教师戴着“镣铐”跳舞，那么想跳出优美的舞姿只能是痴人说梦。

教学管理人员尚且如此，那么在一线工作的教师就更需要深刻了解教育理论。比如，新课程改革倡导合作交流，倡导启发教学。现实生活中很多的一线教师就在不深入了解教育理论的基础上闹出笑话，以至于耕了别人的田，犁了别人的地。为了交流而交流，为了合作而合作的现象在时下课堂教学中不在少数。比如，我曾经带实习生去小学听课，发现很多示范课的老师基本上都在教学过程中安排合作学习过程，通常的做法就是围绕一个问题，让学生分组交流，然后再安排小组汇报解答。这种貌合神离的分组交流其实更接近于表演。试问，交流的问题是不是适合？

学生的分组是不是有层级？交流的过程是不是存在有意义的冲突？对学生思维有无提升？回答不了这些教育规律的问题，这样的交流基本上都是表演性质的，只有形似却没有神似，失去了交流合作的意义。还有一些没有了解启发式教学真正内涵的教师，一节课虽然都是由问题来带动，但所问的问题缺少深度和广度，都是学生一看就知道答案的浅表性问题，这样的启发不能算作真正的启发式教学，充其量只能是一问一答的教学演示，对学生质疑、批判甚至思维的提高没有丝毫的意义。

教学需要教育理论支撑，育人更需要了解教育理论和规律。改革开放以来，一段时间里，教育理论思想形成百花齐发、百家争鸣的氛围。其中出现了像“不要让孩子输在起跑线上”“教师要跪着教书”“好的孩子是夸出来的”“没有教不好的学生，只有不会教的老师”等。这些论断乍一看似乎有一定的道理，但仔细推敲，其实这些论断是有悖于教育基本育人理论的。“不要让孩子输在起跑线上”这个论断本身就具有极强的功利色彩，姑且不说孩子出身、智力是否就一定在同一个起跑点，就算是在一个起跑点，起跑占先就一定能一直领先？教育本身就是一个过程，没有起点终点。再者，教育也不是完全功利的过程，何为输赢？教育本身就是一个个性化、特色化的过程，它有共性发展要求，必然也有个性发展的需求，同质化教育培养方式本身也违背了现代教育的培养目标。“教师要跪着教书”就更是奇谈怪论了，如果教师都跪了，还能教育出有脊梁的孩子吗？它显然不符合教育塑造人的健全人格的基本诉求。“好孩子是夸出来的”这个观点，貌似切合德育的鼓励性原则，也是赏识教育首推的理念，但我却不以为然。若是按照这个逻辑去推理，孩子们犯了错误只要一个劲儿去夸他，他就会改变自身错误，那么学校还需要什么惩戒条例？可劲儿地夸就能解决学生的一切问题，让他们变成好孩子，显然这样的结论是贻笑大方的。“没有教不好的学生，只有不会教的老师”这一论断，其实它从根本上忽略了人的发展和家庭、学校、环境三个要素相关联的教育理论，片面地把学生的发展完全归于学校教育，甚至教师，这无疑是夸大了教师在学生发展中的作用。记得有一次一个私立学校的校长和几个教师聊天。私立学校在 20 世纪 90 年代基本上是有钱人家孩子的乐园，学生素质良莠不齐，有些孩子从小没有养成良好的学习习惯，上课睡觉、讲话甚至扰乱课堂纪律的现象时有发生。教师们跟这位校长聊起这些事情，颇有些“有心杀贼，无力回天”的挫败感，期待这位名校长谈谈自己的执教经验，以便指点迷津。于是这位校长就说道，“没有教不好的学生，只有不会教的教师”，或许校长的意图是鼓励在场的教师不要气馁，树立信心。岂料当时有位教师立马进行反驳，他打了一个比方，说如果一头牛本身不想喝水，就算你把它牵到河边，按下它的脖子让牛喝水，它也极有可能抬起自己的头，那么这个时候如何解决让牛喝水这个问题呢？在场的教师都默默地会心一笑，而尴尬的校长也只能环顾四周而言他，实在找不到自圆其说的最佳答案。这是我亲身经历的一个真实的教育情境，他很好地诠释了“没有教不好的学生，只有不会教的老师”这个论断的荒谬性。教育不是万能的，一个人的发展往往是家庭、学校和环境综合作用的结果。

教育不是万能的，教师也不是。所以古人所说的“师道尊严”搁在今天就可能是“学生的引导者、合作伙伴”，教师在育人的过程中，首先要调整好自己的心态，不能高高在上，把自己看作是一切的权威（当然还不至于跪着教书）。韩国教室没有高半级的讲台，这只是形式的平等，更重要的是在内容上培养平等协作的师生关系，这才是育人的教育理论要求。做好这一点其实并不容易，教师的真诚、坦荡甚至无私是它的基础，以心换心，才有真心。记得自己上高中那会儿，有位汪姓数学教师，有一次上数学课可能是准备不足抑或是其他因素，上课时讲解一道数学题目中途竟然出现“断片”现象，引得下面的学生一阵阵笑声。其实我现在想来，这位教师当时是非常尴尬的。可没想到这位教师却认真地对大家说，每个人都会出现这些情况，每个人都会有 N 个题目不会做。这无疑是自己打破自己的神坛，这在当时我们求学的时代是绝无仅有的。或许是这位汪先生的真诚打动了所有的学生，班上的嬉笑声戛然而止，同学们也没有因为这件事对他有丝毫埋怨之意。这样的事例我读硕士期间也有过，有个教师上课过程中突然不知道上到哪里，同学们相视而笑，这个教师坦诚地对大家说，不好意思，我昨晚喝了点小酒，没有认真备课，请大家原谅。意想不到的情况发生了，居然没有人再不怀好意地嬉笑了，而是让老师去休息。真诚可以感动万物，教师本身不是万能的，他有时也可能犯错，有时也可能因为各种各样的原因没有很好地解决一些问题，但只要是真诚地面对这些不该发生的缺憾，真诚地把学生当作对等的人来看，就一定会获取学生的理解和原谅。当然，我并不是要弘扬这种治学不严谨的作风，事实上我只是想说，教师也是普通人，他也会有各种各样的失误或者错误。神化教师的做法本身就是违背教育规律的。

教育理论同样可以改变教师的知识观和教学观，伴随教师一道成长。有什么样的知识观就会有什么样的教育观。教育哲学自诞生以来，首先回避不了的就是认识论的基础问题，而认识论的第一要务首先就涉及知识观问题。纵观教育哲学发展过程中的各个流派，无论是进步主义的经验课程、要素主义的文化要素、永恒主义的传统经典，抑或新行为主义的刺激反应、存在主义的自由选择乃至分析哲学的符号意义，都在一定程度上反映了自己的相应的知识观。其中，改造主义虽源于进步主义，但它同进步主义强调个人经验不同，它更注重团体经验，改造主义者认为知识的出发点是追求目标的社会，知识的产生来源于对社会目的以及用于实现这些社会目的之方法进行探索的团体。在此基础上，改造主义的代表布拉梅尔德提出“社会一致”主张，他认为，重要的是一致同意以及随之而来的对有计划的行动的检验，如果没有这些，经验简直就不能证实为是真的。所以，真理（知识）取决于是否取得团体内尽可能多的成员的同意以及是否按这种同意来行动。团体一致同意的目标和手段就是所要寻求的真理（知识）。[1] 这里所说的团体似乎等同于托马斯·库恩的“科学共同体”“社会一致”，也对应于库恩的“不可通约性”，但需要反思的是，是否知识就来源于一定的团体的社会一致，团体一致性对知识的生成发展是否有不利的影响，这些观点对教育教学又有哪些合理的启示。要弄清这些问题，我们就不能不对知识的一般分类、属性做一个较为清晰的说明。

1. 知识的分类及“通约性”认知

按照知识的性质我们粗略地可以把知识分为科学知识与人文知识、个人知识与公共知识、陈述性知识与程序性知识。尽管这种分类未必涵盖所有的知识分类方法，也不代表两两相分之两元对立，但至少可以让我们大体上了解知识的相关种类，也便于我们解决之前提出的问题。

第一个问题：科学知识与人文知识是否“通约”？

---

[1] 罗伯特·梅逊：《西方当代教育理论》，陆有铨译，北京：文化教育出版社，1984 年，第 101 页。

首先来看科学知识和人文知识。自从斯宾塞提出“什么知识最有价值”以来，科学知识逐步取代传统的人文知识，成为现代社会中人类知识最典型、最核心的部分。科学知识是通过一定的科学概念体系来理解和说明事物的知识。它有经验和理论两种不同水平，是全人类认识的结晶，又是人类实践和社会发展必要的精神条件。表面上看，科学知识往往是由相关的科学共同体提出并确认了的，库恩在《科学革命的结构》一书中，就科学共同体做过这样阐述：“一个科学共同体是由同一个科学专业领域中的工作者组成。在一种绝大多数其他领域无法比拟的程度上，他们都经受过近似的教育和专业训练；在这个过程中，他们都钻研过同样的技术文献，并从中获取许多同样的教益。通常这种标准文献的范围标出了一个科学学科的界限，每个科学共同体一般有一个它自己的主题……科学共同体的成员把自己看做、并且别人也认为他们是唯一的去追求同一组共有的目标、包括训练他们的接班人的人。在这种团体中，交流相当充分，专业判断也相当一致。另外，由于不同的科学共同体集中于不同的主题，不同的团体之间的专业交流有时就十分吃力，并常常导致误解。如果继续下去，还可能引发更大的、难以预料的分歧。”❶ 由此我们可以推出社会共同体的特点：一是它是由共有一个范式的人组成（这里的范式可以指学科基质，包括经验和理论）；二是科学共同体的相对性（仅限于自己专业且与不同团体交流困难）。这种情况下，即便是科学共同体达成范式社会所谓“一致性”，也未必代表他们形成了真正科学的知识。究其原因，首先是科学共同体本身就有其局限性，它的所谓社会一致性“范式”在最初出现时，应用范围和精确性上都极其有限。在应用范围上，范式的成功很大程度上只是选取那些不完备且有可能的暗示，即在科学共同体一致认可的某种科学理论或方法是带有偏见性的。比如，在选择问题标准上，它可能选择范式认为是有解的问题并鼓励成员去研究，甚至因为不能用范式所提供的概念工具和仪器工具来陈述而放弃那些非常重要的问题。这样就会导致科学共同体达成一致性的研究范围受到限制，而只有反复出现“反常”这一现象时，原先的一致性才可能打破，出现范式转移的科学革命。也就导致科学知识的相应局限性和时效性，任何一种达成“一致性”的科学知识只是在一定时期内科学共

❶ 托马斯·库恩：《科学革命的结构》，金吾伦，胡新和，译，北京：北京大学出版社，2003 年，第 159 页。

同体范式的结晶，未必就是真实可靠的。在精确性这个方面，所有的科学知识应该都有近似性。像圆周率的数值以及牛顿定律应用到单摆，为了给摆长提供一个单一的定义，他不得不把摆锤作为一个质点处理。他的大多数定理，除了少数几个假设性的及尚未发展的之外，也都忽略了空气阻力效应。所以，科学知识的产生以及发展，未必就是一致性的范式所能解决的，这个过程就如同猜谜，科学知识的发现往往伴随着偶然性和个体性，一致性的范式有时还会误导科学家的研究，甚至于导致一定程度上的思维定式。

人文知识可以定义为人们对于自身世界的认识，它主要是通过对各种具体价值规范及其历史实践的“总体批判”与“反思”中获得，旨在经由认识者个体对于历史上所亲历的价值实践的总体反思，呈现出认识者个体对于人生意义的体验，它散见于文化承接的各种作品之中。[1]个体性是人文知识主要特征之一，常常体现了作者自己人生经历和内心活动过程，有浓厚的个性色彩。它没有固定的表述方式，隐喻通常表述使人文知识具有了不可复制和替代性。人文知识包含人文精神，它是人类对自身精神的一种自觉的体验和升华，是人文知识内化到言行举止的德性。人文知识的真理性正是人文精神的具体反应，它通过每个个体独到的眼光去认识世界、感受世界。依照人文知识这样的性质，它要达到所谓的社会一致性几乎是不可能的，因为它本身就具有个体性的特点。试想，如果我们完全把人文知识一体化，那么怎么还会有对意象不同的感悟，怎么还会有人物形象的争论，更谈不上思想火花的碰撞。而如果真的是那样的话，千人一面，千人一声，人类和机器又有什么区分？恰恰相反，正是人文知识的不一致，才导致了一个时代的文化繁荣，像战国时期的百家争鸣，儒、墨、道、法诸子百家的形成不正促成了我们华夏文化深厚的文化底蕴吗？所以，人文知识不能用社会一致性来加以禁锢，它的性质决定了多元远远胜于一元。

第二个问题：个体知识与公共知识是否“通约”？

从人文知识的个体性特征，我们可以延伸至知识主体性向度的个人知识和公共知识的分类。通常，个人知识主要是从个体自身的亲身经历中获得，为个人所具

[1] 石中英：《知识转型与教育改革》，北京：教育科学出版社，2001年，第281页。

有，且带有主观体验感受的知识。波兰尼把个人知识当作一种求知的寄托。个人知识有这样的特征，个人性（认识过程）、内在性（内隐的存在方式）、自组织性（追求系统的有序性）。这三个方面都表现出个人知识的个人系数，而这个所谓的个人系数也正是波兰尼个人知识所要强调的。他说："知识的默会、个人系数也主宰人类明示知识的领域，而且，在一切层次上，这系数都代表人类获取并支持知识的终极能力。"❶ 因而，在个人知识这个维度上，波兰尼采取了和罗素及以往哲学家截然不同的态度，他否定了哲学家们追求相对客观，力图将个体性从知识里排出的态度，相反，他把个体性视为知识的一个必要成分，提升了个体因素在知识中的地位和作用。个人知识的这一显著特点决定了公共知识也必然要受到个体性的影响。一般来说，个体知识要成就它的社会有效性就必须转化为公共知识。而公共知识是由社会全体成员的知识贡献而形成的知识集，也是全体成员能够共享的通用学习教材。个人知识要完成这种社会化过程，必须要通过所谓的"社会化之筛"，标准主要由"独创性原则、以人为本原则、保护竞争原则、社会共约原则、价值中立原则"。❷ 其中，除了社会共约原则以外，其他原则几乎都不可能与社会一致性形成共识。要独创则不可能有一致性，以人为本也必须排斥可能伤及人性的知识，保护竞争以及价值中立很显然都具有一定的利益集团的倾向，因而这四条原则不会对知识达成的社会一致性形成佐证。而社会共约原则表面上看有社会一致的理想，其实也只是一定的科学团体所达成的共识，事实上它对个人知识转化为公共知识是产生了一些负面的影响。一方面，个人知识在转化为公共知识之时，将个体思想译成公共的语言文字，可能使一个人经验中最具个人特点的东西流失殆尽。同时，正如罗素所言，人类所理解的空间和时间，实际并不像科学所说的那样不带一点个人的因素，个人世界与公共世界的相似性远没有达到我们想象得那么相似。另一方面，社会一致性的公共知识的约定功能积极意义在于它能把具有客观有效性的东西约定成公认的认识成果并作为进一步认识的起点，但同时它也有副作用。约定只是在一定的科学团体之中，为了达到这样的一致性约定，科学团体必然要排斥一些与团体共识完全不同的个人知识，事实上也可理解为以众略寡，而被排除在外的这些个人知识未必就

❶ 波兰尼：《波兰尼讲演集》，彭淮栋译，台北：台湾联经出版公司，1985 年，第 6 页。

❷ 吴建国：《从私人知识到公共知识的建构》，自然辩证法研究，2004 年第 12 期，第 64 页。

不是进步的知识，人类社会尤其人文知识这种真理往往在少数人手中的事实不在少数。

第三个问题：陈述性知识与程序性知识是否“通约”？

根据皮亚杰的思想和当代信息加工心理学的观点，知识可以定义为主体与其环境相互作用而获得的信息及其组织，储存在个体内的为个体知识，储存在个体外的为人类知识。人类知识依据不同的人选择自然不一样，就个体知识而言，又可分为陈述性知识和程序性知识。前者是“知什么”的知识，后者是“知如何”的知识。陈述性知识一般可以理解为显性知识，它通常是个体能够意识到并能用语言表达的，有一定社会共识性，但就表达的方式而言又不尽相同。比如，同样的对某种事物的定义，可以因人不同表现出不同的内在含义。在诗歌中，一个意象“雨”可以是情人的眼泪、爱情的及时雨、幸福的甘泉，所有这些都表现出陈述性知识也不一定都是社会一致性表述的。换个角度，程序性知识都涉及人类解决问题的方法和策略，这样的知识更不可能形成社会一致性。针对同一个问题，不同的人解决的方法不可能完全一致，如果完全相同，那人类还谈什么创新？社会还谈什么进步？策略性的程序性知识取决于不同的人的思维倾向、内在知识储备以及个人的阅历，甚至包括个人的先天成分，决定了不能用社会一致性加以衡量。

换一个角度，如果知识真的可以用达成社会一致性的这样的标准来衡量，势必对知识的生成和发展造成一定的负面影响。原因是知识只有在否定之否定中才能推动自身的前进。没有对旧的知识的否定和怀疑，就不可能有新的知识的产生。由此我们发现要想让知识产生于社会一致性，事实上也只是一种虚幻的理想，人类的知识发展过程及知识的本身属性决定了知识不可能取决于社会或团体的一致性。那么，这样的观点对我们的教学又有什么重要的启示呢？

2. 值得商榷的改造主义知识观对教学的影响

学校教育从某一角度来理解，可以说是人类传承知识的一种客观存在，人类社会学校的发展历史正是这种观点的具体表现。面对值得商榷的改造主义知识观，我们的教学有哪些启示呢？

（1）克服课程内容的整齐划一，避免追求课程理解的唯一性。任何学校教育都必然要体现一定的集团利益，如果没有课程内容的限定，任由每个学校完全自主地选择课程内容显然行不通。但这并不意味着学校教育的课程内容必须整齐划一，适当地允许学校自主、选择性的安排课程内容，有利于克服改造主义知识一致性、通约性的偏颇的知识观。一方面，自主性的学校课程内容选择上可以弥补传统一致性课程的不足，避免那些有争议且合乎道理的相关课程内容不至于在整齐划一的课程内容中消失殆尽；另一方面，从课程的发展角度，没有永久不变的课程内容，课程内容应该随着时代、科技、学科的发展做相应的调整，固化的课程内容不符合后现代课程观中课程不确定性的观点，现实中也跟不上学校教育的变革。

同时，课程理解也不能追求唯一性选择，以前我们对于课程内容的理解往往寻求答案的唯一性，似乎一切课程内容的正确理解只有一种，与之相悖的就是不科学、错误。其实对于“理解”，伽达默尔早就有着独到而深刻的见解，他认为理解首先是历史性的，是一个无限的运动。这种历史性包括理解之前的社会历史因素、理解对象构成、社会实践决定的价值观。在理解活动中，理解主体的人和作为被理解的客体都同时内在地嵌于历史性中；理解是经验的否定运动。这种辩证的倾向体现在经验的开放性和有限性之中。认识经验开放性表现在理解不是固定于境域中，而是一个流动的过程，一个不断获得新经验的过程，开放性决定了它的不确定性；同时理解也意味着自身的有限性，人始终是以自己特定的历史方式立足于世界，尽管视界和经验可以不断地扩大和丰富，但其存在的历史性决定了它们是一个有限的定在，不可能跨越时空获得无限的理解和绝对的经验，人们的经验总具有现时性，总是趋向一个更大的但仍然是有限地对于世界的理解。鉴于此，对于课程内容的理解不可能具有唯一性，因为任何一个课程内容都处在一个不断被认识理解的过程中，这种不断被理解、不断被重新认识的过程，正是解释学所倡导的对话融合的过程。

（2）对教师而言要改变“教”的权威性，注重教师内隐知识的生成。传统的教育理念中，教师的地位是神圣不可撼动的，他就是教学过程中的权威，成为知识的发布者、提供者。事实上，这样的权威性正随着时代的发展、知识的不断更新受到前所未有的挑战。知识的不可通约性的特征，从某一角度验证了知识的个体价值性，或许正如波兰尼所言，“所有的知识都是个体的”。知识的个体性特征，注定我们在教育过程中要改变以往的教师权威性，变知识的传授者为知识的引导者，教的过程要更多地关注学生的学。因为只有学生自己去探究知识的生成，才可以把外在的既定的知识内化为自己的知识，这个过程才应该是真正的学习的过程，而学习的价值也必须在这个过程中才能得到体现。因而，不可通约性的知识观刚好验证了课程改革中教师地位的变化，教师由传统的知识“传授者”转化为知识“引导者”。

这样的变化并不意味着教师的作用在降低，相反，教无定法或许正是教师个人知识重要性的最好诠释。单纯地丧失教师的权威性并不表示教师引导作用的消弭，却是对教师的教提出更高的要求。它要求教师认识到知识的不一致性，因材施教、彰显自我。现实中一个成功的教师往往都是有自己一套独特的教学理念和方法，这些也被称为教师的内隐理论。内隐理论被视为人类心智有组织的系统，人们据此来建构现实，或者至少说以此来解释现实。人们以不同的思维理念来建构事物，个人的经验世界是借助其构念系统构建的。个人构念就是一种思想、一种观念、一种观点，或一种假设，它既是个人观察和解释世界的方式，也是预测个人行为的关键。每个人所使用的构念皆有不同，并且组织其构念的方式也不一样。这一理论和波兰尼提出的知识的个人性有异曲同工之妙。内隐理论的诱发过程从教师的集体观念推进至个体观念，如果说教育专长体现教师发展的可追求，甚至成熟和理想状态，那么考察出色教师关于教育专长的内隐理论，就有可能捕捉其出色教育教学表现的内隐机制，揭示他们对自身发展的规划，以及实现教师发展理想状态的动力与条件。[1]这些无疑对教师的个性化成长有着不可替代的作用。

（3）对学生而言，提倡质疑批判，合作共赢。既然知识的“可通约性”是值得商榷的，那么对于学生而言，首先就要克服传统中国学生的弊端——追求答案的唯一性。人们以前经常说中国的学生和美国的学生最大的不同就是中国的学生喜欢追着老师问标准答案。这看起来似乎有些滑稽，其实这与我们的传统教育不无关系。知识的“不可通约性”决定着无论是自然科学知识还是人文社会知识乃至各种不同分类的知识，其实都不会是唯一准确不变的真理，因而，学生首先要树立质疑和批

[1] 李茵:《教师眼中的教育专长——内隐理论趋向的研究》，北京：教育科学出版社，2008年，第3-31页。

判的精神。质疑是批判的前提，批判是理性思考的归宿。笛卡尔曾说：“普遍的怀疑应把他心灵中一切单纯以信任为基础的意见清除掉，让它向坚实的理性根据的知识敞开。”波兰尼更是直接明示，接受未经证明的信念是通向黑暗的广阔大道，真理则通过笔直而狭窄的怀疑小径达到。❶学生在学习知识的过程中只有保持质疑和批判的理性精神，才可以从不同的视角去观察体验眼前的知识，才可以在保持主体价值的前提下接受知识的养分，形成自己的认识论。盲从出不了真理，更培养不出创新。亚里士多德的“我爱我师，我更爱真理”的至理名言正是表现了一个学习者追求知识（真理）的理性思考。教师未必就是知识（真理）的化身，一个善于学习的学习者一定会按照自己的思考去自我建构属于自己的知识体系。当然，这并不是说就要怀疑一切、打倒一切，陷入虚无主义的泥沼。自我建构、自我反思也必须借鉴前人的成果、经验，要以审慎、宽容的心态看待前人留下来的知识，这似乎验证了学生学习过程中合作的重要性，个体的思维总是具有局限性，只有通过向他人学习借鉴，寻求他人合作才能弥补自己的不足。这里的合作不仅仅指自己的同伴，也可以指前人，这样的合作才能达到双赢。

（4）对于教学过程，倡导研究互动，提升学生对知识的“寄托”。传统的教学，主要是以灌输知识作为唯一的方式。既然知识不存在可通约性，那么，教学过程中就要避免这种把知识作为唯一真理加以灌输的方法。相反，带着问题去研究学习可能更切合知识生成的现实情况。需要注意的是，学习的问题要避免两种极端，一种是波兰尼所说的“求知刻度的低端”，它只是对原欲的满足，不需要经过考虑且不受自觉的个人判断引导；另一种是“求知刻度的高端”，❷它表达的是一种形式化智力的理想，使个人参与趋向减小。正确的方式可能居于两端，近似于维果斯基的最近发展区理论，学习的问题应该介于学生已经达到与可能达到两级之间，过低或过高的问题都可能给教学带来一定的障碍。同时，问题可以由学生课堂上提出，也可以由教师设计教学方案体现，无论提出者是谁，都必须在教学过程进行相应的互动，明晰疑问，达成共识。

同时，波兰尼强调，知识的个人性与普遍性在寄托的框架内被统一起来。并进

❶ 波兰尼：《个人知识——迈向后批判哲学》，许泽民译，贵阳：贵州人民出版社，2000年。

❷ 同上。

一步指出，寄托是一种个人选择，它寻求并最终接受某种（引起寄托的个人以及描述这一寄托的作者）被都认为与个人无关的提出来的东西，而主观性本质上完全是有关的个人所从属的某种状态。❶ 它是探讨普遍有效的唯一途径，也可以说是个人的一种信念、热情及信心。信念来源于学习者从一个隐藏的现实中所得到的种种前兆，是个人首创的。学习者在普遍性的意图中持有确信并保持高度的热情，最终在一个启发性的寄托中，取得负责任的结论。上升到教学过程就是要使学生的识知过程变成对被知事物的能动的领会。所谓能动的领会，即识知的过程应该是客观性和个人性的结合。一方面，学生识知的过程需要他们热情参与，但这不是任意行为，更不是被动的经验；另一方面，这一过程学生必须怀着责任感和普遍性意图。更为直接解释就是既要保持学生求知的积极热情，同时也要鼓励学生发现启发性先兆的信念，树立他们对自身识知过程的信心。以便于学生在客观性和个人性之间建立联系，形成良性的个人知识。

改造主义的“社会一致”知识观值得商榷，它极易在一致性的原则下消解知识个人性的价值，促成知识与权力的共谋。相反，正是知识的不可通约性才使得崇尚个人学习的建构主义知识观成为一种可能。

（二）学科知识

一个成熟且胜任的教师，基本上都是对自己所教授的学科的“半个专家”。说得具体一点，就是他必须熟悉该学科的基础知识要点，掌握一定的教学方法和规律，融会贯通到自己的教学活动之中。就拿语文学科来说吧，我曾经听闻一名小学管理者说，语文是最好教的，无非是读读、写写而已。我听完后觉得这位管理者估计不是学语文这一学科的，否则不会做出如此论断，后来证实果真如此，他是美术专业的。我在这里介绍他的身份绝没有贬低美术教师语文功底之意，但这位管理者的论断的确是对语文学科特点知之甚少。其实语文教师是个杂家，基本上是要求上知天文地理，下知五行八卦，稍有不知，你作为语文教师就会感到吃力。语文教师不仅要知道文章的体例之分，还要知道字、词、句、语、修、逻，甚至还要知道语文课本中所涉及的作者背景、时代状况、古今中外、风土人情、文化特点，这些都

❶ 波兰尼：《个人知识——迈向后批判哲学》，许泽民译，贵阳：贵州人民出版社，2000年。

是你要学习掌握的内容。在此我谨以诗歌教学来做个范例。诗歌这种文学体例在中小学语文教材中可谓常客，但要教好诗歌，作为教师就不能仅仅满足于了解诗歌的字面意思，很多情况下要透过诗歌的教学让学生了解诗歌这种文体，欣赏诗歌的文字美、音律美、格式美，甚至于通过学习诗歌来学会写作诗歌。涉及诗歌的学科知识大概有意象、意境、情感、主题、形式美、音韵美等。语文教材中有许多诗歌有着优美的意象和意境，从古体诗到近体诗再到现代诗，案例比比皆是。通常讲这些诗歌文体之时，我都会现身说法，以自己写作的小诗来引领学生了解这些诗歌的要素。我拿自己这首大学期间的诗歌作为案例：

烟的启示

隔着黑暗的底色
一点红火光闪烁
那是你的眼
睒睒地 做着调皮的眼神
玩弄 阴谋家手段
洒出 淡淡雾网
也许 有一天
火光熄灭
留下的却只是
淡淡的苦味 永生的伤害

这首小诗是我大学毕业不久在昏暗的寝室里写下的，当时，一个人坐在桌前，把桌上的台灯调到昏暗，手持一根烟，思考周遭一切，一时兴起，涂鸦而作。但诗歌的基本要素还是都表现出来了，情感也是真实具体的。我常以此和学生做诗歌评析，短短的几行诗句里包括数个意象：黑暗、点燃的烟、烟雾、尼古丁危害等。诸多的意象又合成一个图画般的意境，昏暗的光线下，一名心思沉重的人在烟雾缭绕中任思绪飘荡，品味烟的苦涩。诗歌充满着低沉的情感，那么究竟表达什么样的主旨呢？在大学课堂讲到诗歌这个文体，我通常都是让大学生们畅所欲言，有同学说是表达了对已逝青春的迷茫，也有同学说是对大学生找不到合适的社会位置的惆怅，答案五花八门。这个时候我就告知同学们其实这首小诗写的是一段若即若离的情愫。同学们此时情绪高涨，然后我就接着从意象的形成、意境的合成、作者情感的融入乃至诗歌的意境美、音韵美等给大家一一介绍。同学们明白了诗歌的意象是诗人情感和外界事物最佳的结合，明白了多个意象组合形成一幅画面就是意境。意境通常就是表达诗人情感和内心的真实写照，也是诗言志的内涵体现，它极富张力。诗歌语言表现了高度的概括性，言简意赅，不拖泥带水，于简洁明了中显示音韵美感。通过这些专业知识的概括介绍，学生会比较容易掌握诗歌文体的特征，不仅容易解读眼前教材中的诗歌，也极有可能激发他们日后创作诗歌的情绪。语文教师这些专业知识远远不是一个诗歌要素可以体现的，成熟的语文教师乃至各科教师，一定对他所教授的学科知识了如指掌，断然不会出现书到用时方恨少的局面。

（三）表达交往

一个教师的成熟乃至成长，绝不可能是闭门造车所致，他需要在与同行者交往，和学生交流的过程中不断进步成熟。

与同行者交往本身就是社会交往的一个部分，人是群体性高级动物，没有社会交往，人就会陷入封闭孤立的情境之中，长此以往，人就有可能不适应社会的发展。同行之间的交往最大的益处在于可以取长补短，相互借鉴。记得我公派韩国交流的那段时间里，同行的国内高校教师一共有十四名，分别来自北京外国语大学、苏州大学、南昌大学、河北石家庄学院等数个高等学府（如图 3-6 所示）。不同的性别、不同的年龄段以及不同的学科背景，使得大家交流起来还是有不少的障碍。但既然都是来自同一个国度，我们都记得要为国争光，闲暇之余便常常聚在一起交流教学和生活，慢慢地就如同一个大家庭一般。我至今怀念那段已逝的时光，每周至少三天下午我们几个男教师会和中国留学生在一起打篮球，锻炼身体，磨炼意志。起初来自南昌大学的江老师是不太喜欢篮球这项运动的，我们就带着他一起组成教师队和学生队打友谊赛，他慢慢地找到了篮球的乐趣，从最初的不太愿意参加，到最后几乎一有空闲时间他就会主动邀约大家来打篮球，发生了本质的变化。而篮球这项运动，不仅拉近了我们中国教师之间的距离，同时也打发了那些远离故乡，思乡心切的苦闷的瞬间，更重要的是通过打篮球，我们每个人都了解了团队协作的意义，锻炼了自己的体魄。以至于我们一年以后返回祖国，在离别之时，每个人都觉得依依难舍，直到今天，回忆起那段时光，我还是回想起熟悉的篮球场，熟悉的每个人，虽然时过境迁，但如果将来有机会能重回韩国又松大学，我还是会重回那个场地，重拾过往的友谊和激情。教师之间的交往可以说是同伴互助，那教师和学生的交往基本上可以说是教学相长。每个学生都有自己的优点和特长，每个学生都是有血有肉的人，设身处地地把学生当作人，当作是自己的孩子甚至朋友是教师交往能力的另一种表现。我从教过程中，接触过各个年龄段的学生，中学、大学甚至成人，深深地体会到与学生交往的艺术是一个成熟的教师必备的基础。

图 3-6　2014 年韩国又松大学交流教学中国部分教师合影

刚到韩国之初，语言不通，生活习惯不一样，甚至连上课的时间都不同，韩国大学课程一节课通常是一个小时，中途可以自由休息十分钟至二十分钟。韩国学生总体上还是尊师重师的，但可能由于文化背景不一样，也会给师生交往带来些许矛盾和不和谐。记得我带的班级有一对情侣，女生的汉语水平还是可以的，我依稀记得她的中文名是许预令，她男朋友的名字我因时间过久记不清楚了。记得有一次上我的汉语课，男生因为上课时和背后的同学讲话，我就在经过他身边座位时轻轻拧了一下他的耳朵，目的是告知他上课时要注意听讲，不能说话。我的目标很单一，绝非体罚他的讲话行为，我也知道体罚学生是不能接受的。我满以为他会如国内的孩子们一样，立刻意识到自己行为的不妥。可没成想他用韩语和他的女朋友说了一些啥，言谈中显得非常不高兴，我揣测可能是我的举动让他生气了，果不其然，第二节课他居然没有来上。于是下课我找到他的女友许预令，询问那个男生是不是因为我的缘故没来上课，她笑笑说是的。我就让许预令给他打电话，告诉他老师没有伤害他自尊的意思，希望他不要因为此耽误自己的学习。也许这个男生被他的女朋友呵斥过后不敢不听，也许是我的真诚稍许打动了他，抑或是他意识到逃课的行为太偏激了，第三节课他还是主动来到课堂，尽管还带着一点不乐意，毕竟还是来了。课后我又单独将许预令和她的男朋友留下来，和他们解释我当时的做法没有体罚他的意思，只是出于友好、善意的提醒，那个男孩子开始还有些抵触，但在我和他的女友一再地解释和劝说下，他似乎意识到是自己对老师用意的曲解，低下了头……后来我反思这件事主要还是文化背景不同导致了师生的误解，如果我不是及时通过他的女朋友和他沟通，如果他的女朋友不是信任我的话，或者是我不及时处理当时的情况，就有可能会在我与他之间产生一个难以解决的隔阂，导致该学生长期缺课，影响他的学业。我想，这样的结果都不是老师和学生愿意看到的。师生之间产生冲突在学校生活中是很普遍的事，原因可能是师生之间年龄、阅历、认识观等方方面面差异造成的，冲突本身不可怕，重要的是教师要学会交往的技巧，不能居高临下，一味地说教（如图 3-7 所示）。

图 3-7　又松大学中韩文化节师生交往

处理交往的技巧，语言表达似乎也是很重要的一个方面。俗话说一句话说得使人笑，一句话说得也会使人跳，语言沟通能力是一个成熟教师必备的交往能力。记得刚刚步入教师这一行列的几年里，我和两位老教师同带高中语文学科，两位老教师因为各种各样的原因有些隔阂，我不太知晓。有一次期末考试，一位老教师同我说：“小王，你上次出了考试试卷，这一次就让汪老师出吧！”他说自己年纪大了，眼睛不好使了等。我知道他说的是真话，这位老师的确近视得厉害，长期处于近距离看教材上课的现状。我接受他的提议后去找汪姓老教师，并把那位先前提议的老教师的建议告知他。可能是我年轻考虑问题没那么周到，也可能说话太直截了当吧。我就和那位汪姓教师说，我们这次想让您来出试卷，没想到这位汪姓教师非常生气，大声说道：“你有什么资格让我出试卷？”我当时就懵了，不知道他为什么发如此大的火。后来我平静下来才知道，他老人家估计是生气在一个“让”字上，认为我一个小年轻没有资格让一位老教师出试卷。其实，我当时说这次想让他出试卷并没有指派他的意思，而这个“让”却挑动了他敏感的神经，以至于发怒。后来我想，如果我换上一个“请”字估计就规避了所有的矛盾，还是自己言语上不够严谨谦虚，才导致了这场闹剧。

无独有偶，在韩国交流期间，一个中国留学生有一次找到我诉说他的苦恼。原因是他在又松大学攻读硕士研究生，跟的导师是一位双博士且大龄未婚女教授。第一次导师约谈他说去某某大楼办公室找她，也没说具体时间，结果这位中国留学生就干脆下午去找她。待他找到那位女教授的办公室，却发现里边已经有学生在和她交流，于是他耐着性子等了好久才进去和女教授打招呼。没曾想那位韩国女教授板着脸和他说，你可以走了，我已经约了其他同学……这位中国留学生非常生气，甩头就离开办公室，以至于一个学期都不去找这位女导师，双方陷入冷战。我不知道这位女导师没告知他具体时间的根本原因是什么，或许是工作繁忙，也或许是故意为之，考考这位中国留学生是否严谨，抑或还有其他因素，但就语言交流这一方面，我觉得双方都存在问题。首先是这个中国留学生为什么不提前追问导师具体见面的时间呢？就算导师让你走，约了别的同学，也不至于整整一个学期和导师耍脾气而荒废自己的学业吧？女导师语言上也有问题，就算工作再忙，服务学生是教师的本职，更不能过分伤害学生的积极性，这一点她还稍显欠缺。当然，后来在我耐心的启发下，这位中国留学生主动找导师沟通交流，当我回国以后，我询问他现在和导师的关系咋样，他笑着说，“可好了！”站在对方的角度，常换位思考可能是我们语言表达上拉近与学生距离最好的办法。

（四）管理能力

师范生实习通常都由实习教学和实习班主任两个板块构成，班主任实习就是培养师范生管理班级的能力和艺术。我的实习生活是在芜湖第八中学度过的。那一届我们中文系在芜湖第八中学实习的共有12人，我是实习组副组长。我记得我们那时是在初二年级实习，我带的班级是初二（2）班。由于当时还是大四的学生，基本上没有什么管理班级的经验，在实习班主任工作过程中，还出现了一些尴尬的境地。

那是上午课间操，同学们一般都是由班上的文体委员整队，班主任跟班。我带的班级文体委员是个女生，个子比较高，记得叫程艳。有一次班级整队完毕，她不时和旁边的女生有说有笑，我非常生气，就跑到她跟前，当着全班同学的面批评她身为班干部没有以身作则。她红着脸，半晌没说话。本来这件事我以为说过就算了，可没曾想自此以后，这个文体委员就再也不和我说话了，总是刻意回避和我接触，布置班上的活动也不太乐意接受。我当时还太年轻，并不知道我在操场上当众批评她伤害了她的自尊，若干年以后我才知道，如果当初我单独把她留下来，平和地和她说同样的话，也许结果就会大不相同。

管理是一项极具艺术性的活动，基于几十年的教育教学经历，我把班级管理分成三种。

（1）最好的管理是为了不管理。这里的不管理不是“放羊”，而是让学生知道什么可以做，什么不可以做，知道班级荣誉和自身的相关性，培养良好的集体荣誉感。每个班级成员如果都具备了这样的想法，这样的班级你就是不管也照常团结一致，努力向上。班主任老师可以放手让同学自己管理自己。

（2）该管则管，不该管则不管。这个层面还是有部分班主任老师管的因素在其中，大部分教师管理班级可能都是处于这个层面，但什么该管，什么不该管，可能会因为老师的认识层面不同产生差异。比如，有的学生行为不合群，但也不生事，作为管理班级的班主任该不该管？

（3）啥都要管。这个层面的班级管理者通常被称为保姆级别的管理者。啥都想过问结果往往是啥都管不好，最后就会出现表面上班级成员非常配合，离开管理者班主任视线就是另外一个景象。

良好的管理应该是第一层面的，更多的是为被管理者提供服务，让被管理者自己管理自己，自己严格要求自己。这里就有一个共同愿景的设置问题，好的团队一定是有一个共同的愿景，在这个愿景下，每个人都能找到自己的位置，每个人都愿意为这个团队当好自己的角色，大家相互配合，齐心合力。班主任老师作为班级的管理者就是这个愿景的策划和制定的核心成员，他既要宏观把控班级发展计划，又要有和全班成员协商达成共识的沟通交往能力，当然是费时费神的一种创造性的活动。

愿景共识的达成，并不代表班级团队的理想就一定能实现，还要有持续的监督、调控能力。前文说过，好的管理是为了不管理，不管不是真的“放羊”，放任自流，而是让学生自己管理自己，自己朝着共同愿景，严格要求自己。但学生毕竟很难做到成年人都难以做到的自律，那么必要的监督、调控就成为必需。我做班主任工作大多数是通过学生干部队伍实现这一目标的，这样就必须选好班级干部人选，要让那些有集体荣誉感、懂得担当，且在学生心目中有一定地位并具有管理能力的学生来担任班级干部，选对人对后期班主任工作可以说是事半功倍。记得我做高中班主任那段时间里，班上有一位学习成绩一般，但在班级同学中极有影响力的男生，其他老师眼里的他再普通不过了，没有特殊的印象。但我经过较长时间的观察，发现他除了成绩一般以外，班上的男生基本上都挺佩服他，于是我就尝试让他做班长，告诉他班长的义务和责任，期望他带好班级，提升班级的竞争力。没想到一个学期下来，班风取得了长足的进步，班级成员团结性加强，很多以往难以实现的班级愿景有了长足的进步。这个班长也时常来办公室和我聊聊班级最近的情况，我也很少像有的老师那样，布置班级“密探”或突击检查班级情况，成为一台电视的调控器。得力的班级助手就是基于监督调控基础上形成的，找对学生中的“头领”并让他成为班级管理中的直接实施人，就可能实现班主任老师对班级管理的监督、调控。

（五）心理素质

良好的心理素质是一个人成长过程中必须具备的某种品质。教师的心理素质问题在当下已经成为社会的一个热点，借着这个话题我随机在网页上搜索一下，近些年来，教师自杀现象不在少数，社会上也曾出现教师和医生已然成为两种高危职业的说法。当然，教师自杀的原因可能有很多种，但教师自身的心理素质不强，很多的时候日积月累逐步形成抑郁状态，最终走向不归路可能是其中的一个主要因素。

造成教师心理抑郁的原因到底有哪些呢？我们又应该如何解决这一问题？

1. 繁重的工作压力形成职业倦怠

教师这个职业在常人看来似乎是个比较清闲的工作，其实不然。教师除了完成日常教学工作量（一周多少节课），还要承担繁重的育人及学校的其他工作。就算是上好几节课也不是常人眼里的那种一天几个小时的事。认真负责的教师就备课这一项可能就会耗费很多的时间。比如，你得查阅相关资料、分析相关资料、设计教学内容、批改相关作业，甚至还要关注每个学生课后学习的情况，仅上述几项内容就足以让一个教师精力消耗殆尽。我教高中语文那会儿，粗略地做过一个估算，一篇学生作文从阅读到批改再到写好评语，整个过程大概需要 15 分钟，高中一个班少则有 50 名学生，这样改一次作文就得耗费 750 分钟，也就是要教师连续工作 12 个小时以上。学生一个学期至少得完成 5—6 篇作文训练，教师消耗的批改时间可想而知。一个语文教师正常工作量通常是两个班语文的教学，一周 12 节标准课时，再加上课后备课、批改作业、各种测验考试，基本上没有啥空闲时间。也许有人会说教师一年还有寒、暑假，还可以休息调整，那也是外行人不了解情况，现在的教师假期基本上都忙于各种“充电”，如教育主管部门会利用寒、暑假进行培训，不完成相关培训的教师就没资格参加职务晋升，这个是硬标准。假期还要完成第二学期相关教学任务的准备，自己还得读读专业书籍，以便跟得上时代发展，休闲的时光相对较少。鉴于教师工作的繁重性和连续性，一个教师在从教生涯的某个阶段可能就会产生对教师职业的倦怠情绪，表现为对工作提不起兴趣，对职业充满了厌倦情绪，工作效率明显降低，身体疲惫。教师这种职业倦怠一般在新手教师中比较少见，往往是任教若干年以后职业倦怠的教师更为明显。教师职业倦怠情绪如果不能很好解决，就会影响教师身心发展和教育教学活动。

2. 复杂的人际关系给教师带来影响

随着商品经济社会高速发展，人与人之间的关系也越来越物质化。理想中教师这一职业本来是一种近乎于象牙塔式的工作，除了和书本、知识打交道，更多的是面对一批又一批单纯活泼的学生。然而现实远非想象，日常生活中知识分子群体（教师群）似乎也变得越来越现实、功利。远的不说，就说同一年级同一学科，彼此之间存在竞争关系，相互之间就可能因为利益驱使导致教师之间关系极度紧张。记得我刚刚当班主任那会儿，高一年级四个班级要在军训结束后参加全校军训汇报表演，标配是军训服和白色手套。当时我所在的中学白色手套库存有限，仅供一个班学生统一使用，资源的缺乏导致竞争白热化。隔壁班的班主任比我年长几岁，是个“老江湖”了，他在事先得知上述情况的前提下，提前带着他们班的学生把白色手套领空了，这样使得其他三个班学生没有白色手套可用，队列直观上就已输给他们一步。当我带着学生按部就班去领白色手套时，却早已为时已晚。学校保管员如实告知我这一情况，当时的我十分气愤，真的有一种被欺骗的感觉。原因是我和隔壁班那个班主任平时关系还是不错的，没想到关键时刻他却那么自私自利，让我有一种“当面喊哥哥，背后掏家伙”的感觉。这只是教师利益关系中的一个微小的案例，学校生活中，教师围绕着教学、绩效、工作安排、管理甚至学生都有可能面对矛盾和冲突，这些都成为教师日常生活中复杂人际关系的一个部分。此外，还有一些教师无事生非，经常背后揣测别人的行为，甚至达到“以小人之心度君子之腹”的状态。在此我想说一个亲身经历的笑话。几年前，我经过自身努力，调动至广东一所高校任教。刚来这个学校没有熟人，所以平日里常会和一些谈得来的年轻人聊聊天，打打球。记得有一天我和一名异性教师去打乒乓球，刚好遇见两位教师也在打球，于是我们客气一通，说就一起打吧。可一局还没打完，这两位大神居然眼神怪异，相互说到我们还是先走了，让他们打吧。那口气，那眼神绝非是玩笑的那种。我当时就纳闷了，难道两个异性朋友打个球就有什么问题了？后来我还是和同去的异性老师继续我们的乒乓球锻炼，因为我们坚信身正不怕影子斜。有人曾说，知识分子窝里最难处，从教那么多年来，我确实感受到教师群体关系比较复杂多变，但我觉得只要是自己胸怀坦荡，不谋私利，友善待人，时间久了，别人也自然会消除误解。所以复杂不复杂关键还是看自己。

人还是活得简单一点好。我从教以来，也遇到过几个真心相待的朋友，几乎每个求学阶段都能遇到一位。大学阶段，我认识了班上的老班长王志华。志华的为人自不必说，待人真诚、坦荡。大学期间我们就成为非常要好的朋友。大学毕业后他去了合肥，我们有很长时间失去联系，大概是在毕业后二十年我们才得以在母校重新聚首。记得那一次芜湖相聚，我刚好在安师大文学院读教育硕士，志华兄听闻后非得去我宿舍看看，拗不过他的执着，我和他一起重新走在熟悉的校园路上，那一次我们聊了很久，多年的友情化做滔滔不绝的话语，仿佛重新回到以前。志华待人真诚无私，无论是家人还是朋友，都尽心尽力，毫无怨言。记得他爱人因心脑血管疾病，住进安徽医科大学重症室，漫长的近两个月的抢救，志华兄一直陪伴左右，不离不弃。累了就睡医院的走廊，每天还得照顾孩子和岳父岳母。但终因病情严重，他的爱人还是永远离开了。我最遗憾的是因为当时记错兄长手机号码的一个数字，没有能在他最困难的时候帮到他。当我再次去合肥见到志华兄时，他拿出一本爱人住院治疗时他记的日记，那满满字里行间都是人间最美的真情！志华兄给予我最大的感受就是与人相处简单一点、真诚一些，他虽一直从事管理工作，但没有一丝一毫的架子，他身上的正气是我一生钦佩和学习的精华！

攻读教育硕士之时，我遇见了我的第二位好友“大老板”。大老板其实是同学们给他的雅号，他真名叫董少权，因为年长我们且有独到的老板气质，大家戏称他为“大老板”。大老板来自六安，在他身上还真的具有革命老区人民的纯朴和踏实。那时候大老板是我们八名硕士的班长，每次为大家服务忙前忙后，从无怨言。虽然我和他只是相处了短短的一年，但他憨厚的为人和乐于助人的待人之道却让我受益匪浅。

待我 2018 年调动来到这里，我又遇见一个“忘年交”的好友，虽然平常工作繁忙，彼此联系不多，但只要是闲暇之余得以遇见，我们通常是无话不聊，人生、学习乃至一切，我们之间没有过多的利益牵扯，纯粹就是惺惺相惜，只要是彼此遇到难以处理的困境，我们都会咨询对方，这样的朋友才是人生中可遇不可求的。有时候我常想，交往的过程简单就是美，如果我们放下人生中的很多私心杂念，真诚坦荡地面对周遭的人和事，兴许我们活得会更快乐、健康。

3. 游离于圣人与凡人之间

教师被称为“太阳底下最神圣的职业”，在普通人眼里教师近乎是圣人。为人师表、乐于奉献、甘为人梯、燃烧自己照亮别人等，都在有意无意之间把教师这个职业过于神化。其实教师也是个普通人，他也要面对生活中方方面面的现实，脱离现实来拔高教师职业的神圣性，其实往往不是无知就是另有目的性。教师的社会要求在圣人化与现实生活凡人化之间游离，长此下去很难有良好的情绪和状态，更不可能在怀疑这个职业的选择性同时做出超越职业不认同的创新和壮举。这个现象需要引起各级教育主管部门的重视，可喜的是，教育部近几年出台了一系列提高中小学教师工资的政策，使得中小学教师工资不低于当地公务员工资水平。政策出发点是好的，但也带来了相应的问题，教育本身就是个大循环，不仅仅只存在中小学教育，也不仅仅只是中小学教师值得重视，各级各类学校教师都是这个大循环中不可或缺的部分，目前只是关注中小学教师这个群体，很显然和我国现行的《教师法》精神不太吻合。同时，教师经济地位固然重要，但要在社会上形成真正的“尊师重教”风尚，单靠提升教师经济待遇可能还不够，恐怕还要考虑到教师的政治、法制保障等一系列相关配套政策，这样才能让社会中最优秀的人乐于任教，终身从教。

4. 既成的惯习对教育教学影响

任何课程都不是静止不变的，随着时代的变化、社会的需求、教育目标的变化，课程追随时代的脉搏发生变革是情理之中的事。但现实中，课程改革也不可能是一帆风顺的，它的变革会遇到这样那样的阻力，其中最常见的就是来源于教师的抗拒。这样的趋势似乎也使得课改出现停滞不前或部分反弹倒退的局面，并引起国内很多学者的关注。目前对新课程改革遇到的瓶颈问题的研究，主要集中在课改的外推型特点、教师赋权增能、教师共同体等几个方面，都涉及教师课程权力被边缘化的问题。虽然也有学者关注到教师的理念上“不适应”“不符合”，但少有从教师“惯习”的层面上发掘课改不能深入原因的研究。

改革涉及客观改革方案和主观执行者两个主要因素，当然还应包括经济、政治、地域等其他方面的情况。新课改目前的状况有新课改方案自身的不足，如大量的国外先进理论的引进，还缺少本土化的消化，没有考虑到的地区的差异和教育体制的不同等，但在思考这些客观因素的同时，我们也不能回避改革实施者——人的反思。尽管有人认为以当前的课改现实，教师只是课程制定者与学生之间的一个“中介”，但事实上，教师作为课程改革的直接实践者，他的作用是无可比拟的。因而在思考客观因素的同时，我们还要实事求是地考虑教师的一些相关因素，从主观上找到一些阻碍课改的相关原因，以求更好地解决课改中出现的一些瓶颈问题。

布迪厄在《实践与反思——反思社会学导引》中曾就“惯习”做出这样解释：“我们提惯习，就是认为所谓个人，乃至私人，主观性，也是社会的、集体的。惯习是一种社会化了的主观性”，是“持久的可转移的禀性系统”。[1]对此界定，法国社会学家菲利普·柯尔库夫这样补充：“禀性，也就是说以某种方式进行感知、感觉、行动和思考的倾向，这种倾向是每个个人由于其生存的客观条件和社会经历而通常以无意识的方式内在化并纳入自身的。持久的，就是因为即使这些禀性在我们的经历中可以改变，那它们也深深地扎根在我们身上，并倾向于抗拒变化，这样就在人的生命中显示出某种连续性……”[2]由此我们可以推知，其一，教师长期处于学校这样的一个场域下，必定会形成一种既属于个人也属于群体的某种惯习（当然各种类别层次的学校教师可能不尽相同）；其二，这种惯习一直能跟随我们并发挥抗拒变化的作用。这样看来，是否意味着我们在课改实施过程中忽略了教师某些共有的习性，新课改的瓶颈问题是不是与教师自身形成的惯习有某种必然的联系呢？以下本文将从课程的制定、课程的实施、课程的评价三个方面加以阐述。

首先，看课程的制定过程，中国向来是一个制度化课程的国家，所谓制度化就是指课程的制定往往是由政府来决定，选择什么内容、如何安排以及怎样评价都是教育主管部门起着主导作用。这样的长期累积效应必然使教师在课程的制定阶段处于无知的麻木感觉，认为课程制定是政府及主管部门的事情，教师只要教好书就

---

[1] 皮埃尔·布迪厄：《实践与反思——反思社会学导引》，李猛，李康译，北京：中央编译出版社，1998年，第170页。

[2] 菲利普·柯尔库夫：《新社会学》，钱翰译，北京：社会科学文献出版社，2000年，第36页。

行了，何必费神操心本不属于自己的责任。其实，参照现在的课程理念，这样的想法肯定是不正确的，因为教师是课程开发必不可少的一分子。但惯习已经形成，势必就会产生一定的潜在影响，以至于虽然新课程提出国家、地方、学校三级课程体系，但真正落实三级课程且内化到“四级课程”——教师课程的鲜有代表。一方面，教师的内在惯习本来就认为这样的课程制定与我无关，我只要执行就行；另一方面，教师在三级课程制定过程中也被边缘化，没有表述并主张课程制定的权利。深圳中学的朱立群老师曾参加广东教育版《高中化学》新教材编写，他曾向课标组负责人进言：遵循化学新课标指定的教学原则和标准，打通“必修”部分两个教学模块的内容，教材编写的“纵向编排顺序”不受课标规定模块的限制。进言的目的是希望新编教材兼顾学科知识本身的逻辑顺序，构建一个相对完整的结构体系，弥补新课标的不足。但是，得到的回答却是否定的，意思是：即使新课标需要修改，也要等到新教材出来并使用数年以后再做修改，现在必须严格按照已制定的《课程标准》编写教材。这只是教师在制度化课程体系下没有课程决策权力的一个范例，现实中，学校课程建设方案中大多数还是以学校领导者作为课程建设的主体，没有领导者参与，课程建设的经费、场地、师资甚至于时间都落实不到位，何从谈起建设课程？而这样的范例又势必导致教师对课程制定开发产生一种“无关己事”的惯习，从而形成教师对课程制定、开发的漠然的态度。

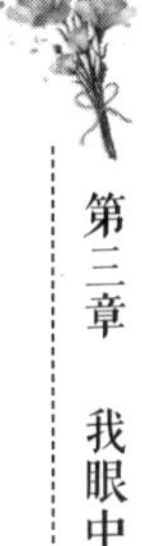

其次，看课程的实施，制度化课程的体制要求课程的实施过程是一个忠实性贯彻课程标准的过程，因而教师被看作是课程实施过程中的一个严格按照课程标准贯彻落实的“操作员”，他只需按照课程标准完成既定的程序，不需要做过度的思考。事不关己，高高挂起；只管执行，不要开发。其实这种现象已经导致了课改中有些教师的积极性不高、游离于课改之外，甚至出现表面应付，私下照旧的情况。有学者认为这是由于教师害怕承担课改的风险甚至以为教师的课程实施能力不足，因而提出教师个人课程、教师专业学习共同体的解决方法。诚然这些方法有一定的积极意义，但要改变长期形成的教师只是课程实施“操作员”的惯习，恐怕还要从理念上让教师感觉到自己就是课程的开发者、参与者。课改的顺利执行离不开广大一线教师，真正地让教师在一个宽松、赋权的教育环境中发挥自己的创新能力，而不是交由主管部门包办代替。任何一个事物和过程往往约束得越厉害越会失去活力，课改要认识到课程实施的灵活性、变通性，不要让教师戴着镣铐来跳舞。这样才会演出上乘的舞蹈。适当允许教师在课程实施中创生新的课程内容、新的方法都是课程实施改变教师只做“操作手”，不做“革新人”人的最佳途径。

课程创生是课程变革中教师积极主动性参与的最好佐证，忠实贯彻课程标准有可能会导致对课程内容及方法的反思较少，让本来鲜活的课程实施变得索然无味。适度的课程创生不仅能够体现教师驾驭课程的能力，还有可能带来意想不到的效果。教师必须从根本上突破课改“局外人”的角色定位，改变传统制度化课程下的“操作者”身份，这样教学才能获得生机，才能具有生命力和教育力。从这个意义上来说，教师即课程才能成立。

最后，来看课程的评价机制。制度化课程在评价上一般都采取选拔和甄别的模式，以色列著名教育家、课程论专家利维（A.lewy）在对教育评价历史进行大跨度审视的基础上，将其划分为古典考试型时期、心理测量统治地位时期、后现代时期。其中前两项几乎都是以考试代替评价，后一项虽有变革，但也是未能完全脱离考试和评价的关系。而我国的“应试教育”更是由来已久，陶行知先生在1934年曾尖锐地批评道:“学生是学会考，教员是教人会考，学校变成会考筹备处……”这样的考试评价制度从根本上忘记了教育的最终主旨，诚如鲁洁教授所言，这种教育着力于教会人的是“何以为生”的知识本领，放弃了“为何而生”的内在目的。长期以来的这种评价制度的影响，必然造成教师自身的惯习，即教师为了考试而教、学生为了考试而学是天经地义的，考试成绩才是教育第一生产力。原因是在中考、高考指挥棒下，社会上对学校的总体评价往往看重的是分数。长期应试教育文化心理传统使得教师在教育教学中把追求分数作为唯一的目标，似乎学校也乐于以此来考量一个教师的教育教学水平。很多的地方学校往往以中高考分数对相关的教师做出奖励，长期下来就形成教师对课程评价的惯习，那就是教学就是要让学生获得中高考的高分，这个才是真理！于是“题海战术”的训练方式在基础教育领域颇有市场，这种理念使得课程改革的深入无从谈起，所以课程评价问题是当下亟待解决的课改核心问题。笔者曾去一所重点高中和相关语文教师做过交流，对课改相对保守的教师说不管怎么改，只要学生分数考上去那才是重要的。可见，教师群体中这种分数至上的惯习还是很有市场的。

以上分析可见，长期处于基础教育一线的教师，很容易在课程制定、实施、评价上形成相应的惯习，要彻底改变这些教师惯习，保障新课改能真正落实到位，我以为要从以下几个方面入手：

（1）要真正给予教师课程相关权力，也就是学者们常说的赋权。我以为赋权不仅仅是在课程实施的过程中，更应该在课程制定环节中加以体现。我们在制定相关课程计划过程中，不能仅有教育行政主管人员、课程专家，可能还要加入来自一线的教师和各个层次阶段的学生，甚至包括其他与教育相关的人员。这样制定出来的课程方案才更具有实践意义。要打破教师事不关己、高高挂起的惯习，让课程真正成为他们自己生活的一部分，变课程计划要求做为自己自觉去做，只有这样，教师才能全身心地改变那种事不关己的“操作者”心态，才能在课程改革实践中找到成长的生命意义，才更能体现课程决策权力分配走向均权化。

（2）在实施过程中要鼓励教师实施创生性取向的课程。要认识到课程改革不简单的是一套设计和实施新课程的组织程序，更多的是教师和学生个性的成长与发展过程，需要教师与学生思维和行为上的变化。它涉及人的思维、感情、价值观等方面，不仅是变革的课程内容及资料。要让教师真正成为课程开发者，课程的实施过程就必须调动教师主动参与的积极性，让教师真正感受到自己对课程建设的重要性。同时放手大胆地让教师开发属于自己的、对教育教学有用的课程。课改是一个全员参与的民主交往过程，每个参与者的主体性都应该获得尊重和提升，教师是课程实施中的主体而不应排除在外。只有教师积极性、主动性、参与性、主体性真正体现出来，创生性的课程实施才水到渠成。同时，改变以往教师培训的方式，不能只是专家讲理念，教师回去执行。可以采取一些灵活多样的实践环节，甚至让课改做得较好的课堂教学、学校管理成为现实的学习材料。

（3）改变课程评价的方式。应试教育的评价模式基本上都是沿袭泰勒的传统课程评价模式，这样的评价模式很容易使得教师为了考试而教，学校和社会也以考试分数作为衡量一个教师的唯一依据，却忘记了教育的最终价值和目标——促进人的身心健康全面发展。长期以来，这种评价模式已经给教师形成一定的惯习，中高考不考的可以不教，和考试有关联的必须强化。什么“榜上无名、脚下无路”“学好

数理化，走遍天下都不怕”等，用这种评价方式谈课改似乎只能停留在纸上，现实中学校学生的考试分数，评价方式的唯一性和终极性容不得教师思考课改的深刻意义。教师在心态、思维上表现的惯习就是学生考出来的分数至高无上，是考量教师教得好坏的普适性标准，其他都不重要。分数至上的评价方式直接导致了课改的内容、实施都必须围绕这个指挥棒去运转，导致了基础教育目标的偏离。改变这种评价方式，将有助于调动教师的课改积极性以及降低风险意识，使教师能全身心地投入到新课改之中。

教师的惯习并不可怕，可怕的是我们意识到这样的惯习存在，却依然习惯地认为这样的状态有着存在的合理性，依然故步自封、消极抵抗新的事物和新的方法。荷兰国家课程发展与研究中心主任扬·范登阿克（Jan van den Akker）在第三届中欧基础教育课程发展论坛上发言说道：课程改革是非常困难的，在改革的过程中会出现更多意想不到的问题，这些问题常常会产生广泛的不良影响。面对新课改的困境，教师这个个体自组织也必须改变长期形成的自身“惯习”，逐步把自己改变成真正的课程开发者、实施者、研究者。

三、实践技能

教师这个职业不仅仅要掌握相关学科的基础知识，更重要的是如何传授这些知识，也就是说教师是一项实践性很强的职业。有关教师实践技能，可以从“教无定法、教学有法”这样的经典性语言中得到诠释。教学的科学性和艺术性到底更倾向于哪一方面，不同的人见解各不相同。夸美纽斯在他的《大教学论》中说道：教学论是“把一切事物教给一切人类的全部艺术”。[1]20 世纪 40 年代，人格心理学家阿德勒提出，“教学是合作的艺术”，[2]教师单凭操作技术性的教学方法是不可能成功地完成教学任务的，技术性方法充其量只可以教给学生们一些简单的知识或技能，至于更重要的、更基本的教学目的——培养学生理性，使他们获得智慧，那就需要教师具有苏格拉底那样的洞察力和技巧。1954 年海特《教学艺术》也指出，教学涉

---

[1] 夸美纽斯：《大教学论》，北京：人民教育出版社，1984 年，第 3-4 页。

[2] Adler,M.J：Reforming Education,1988。

及的是人，是人的情感和价值，这些“完全不属于科学范围之内”。在他看来，一个被科学地培养出来的儿童将是一个可怜的怪物。他否认对教学进行“科学研究”的可能性，认为如果用科学的目的或方法来研究教学，不但于事无补，甚至会伤害教学。[1]与此同时，也有一部分学者坚持认为教学具有科学性。盖奇在1964年发表文章指出，问题的重点不是教学是艺术还是科学问题，而是科学的方法能否更好地理解教学。他认为教学是一种“有用的或实践的艺术，而不是一种创造美、激发美的享受为目的的艺术”。应该确立教学的科学基础，而科学基础的实质就是“在教与学各种变量之间确立关系”。这些关系的因果性越多——而且是通过实验研究而不是通过相关研究确立的，其科学基础就越牢固。这样看来，教学艺术论者认为，对于具有主观能动性的人来说，只能以一种开放式的教学来发展个性和创造力；而科学论者相信，教学是有其自身规律的，教学要以科学为基础，而不是教师随心所欲的舞台。那么基于教师实践性的要素究竟包括哪些部分？我以为有以下要素值得关注。

（一）引导能力

现代汉语词汇解释引导意思有带领、启发之意，在教学中，我把“引”解释为“引申”，“导”则解释为“指导”。结合起来，引导就说教师的引申和指导能力。教师的引导能力可以体现在各个方面，无论是教学还是德育工作，好的教师一定是循循善诱的模范，这里的“诱”其实就有引导之意。

首先来看教学，一直以来我们都说教学不是“教教材”而是“用教材教”，这句话看起来很简单，但细细琢磨我们可以领会到教材不是教学的唯一依据，更重要的是我们作为教师要善于处理好教材，做适当的取舍。有些地方我们可以简单带过，有些地方我们就有必要做延伸。我从事语文教学数十年，在这里以语文教学为范例来介绍“延伸阅读”或者称为“拓展阅读”的必要性。记得我教高中语文那个年代，当时语文教材中选有《荆轲刺秦王》这部作品。该部作品来自于司马迁的《史记》，描述了荆轲不畏强暴、大义凛然领命于燕太子丹赴秦刺杀秦王的故事。作品本身来源于《史记》，但选入高中语文教材之时，做了一些修改。最明显的一处

[1] Comes`A.W.：The Professional Education of Teachers,1965。

是史记原文中关于燕太子丹和荆轲求购刺杀武器（匕首）的描述。《史记》原文记述如下："于是太子豫求天下之利匕首，得赵人徐夫人之匕首，取之百金，使工以药淬之，以试人，血濡缕，人无不立死。乃装为遣荆卿。"此处，发现这个长句已经缩为"得赵人徐夫人之匕首，乃装为遣荆卿。"于是我就把《史记》原文展现出来，让学生思考是否是教材在选文中出现错误？为什么要删除一些文字？这些文字不删除对本文主旨有何影响？通过这样的引申阅读，同学们既了解了教材只是教学的参考，"尽信书不如无书"。同时也掌握了记叙文中人物形象的塑造的典型事件必须要切合文章的主题。倘若我们在选进高中语文教材不去掉上述一些文字，就很有可能给燕太子丹和荆轲造成负面的影响。你想，一个连正常人的生命都不顾惜，拿他们作为匕首的试验品，这样的人又何来正义和公理？

必要的教学延伸是需要的，但这个尺度是比较难以把控的。一方面，教学时间是有限的；另一方面，稍有不慎，延伸拓展可能就会走向反面，成为画蛇添足的累赘。还拿语文学科教学来谈，记得初中语文有一篇鲁迅的散文《社戏》，文中有一段描述几个小伙伴看完社戏，划着小船回家的情景，这个过程中，鲁迅用生动的笔法写下了几个小伙伴一边在船上吹着牛，一边偷摘着河边田埂旁的罗汉豆，本来这个场面的描写充满着童趣。但文中有这样一句话，"吃完豆，又开船，一面洗器皿，豆荚豆壳全抛在河水里，什么痕迹也没有了"却引起一位仁兄的异议，我们通常认为鲁迅这样写无非是表现了这群孩子"毁尸灭迹"的可爱心态，可这位仁兄居然从中悟出鲁迅先生这样写没有意识到环保，给生态环境带来了不好的影响。由此我想到语文课中有些盲目的拓展，如朱自清先生《背影》中描写慈爱的老父亲穿过铁道给他买橘子，被过分解读出不遵守交通规则；巴金的《灯》中山下的灯光被描述成延安宝塔山之灯光等。这种超越文本的拓展延伸，其实更多的是对文本的错误解读，很容易形成所谓"猎奇"意识，即为了超越文本普适性的阅读，拓展出一些本不存在或者错误存在的内容，甚至鼓励学生"误读"，这样的延伸，我想不如取消为妙，不然很容易产生误导嫌疑。

教学中的"导"当然是指导之意。很多师范生刚走出课堂进入校园，对教学估计还是比较陌生的，容易造成单一理解教学方法并使用这种方法。比如启发式教学，它指教师在教学过程中根据教学任务和学习的客观规律，从学生的实际出发，采用多种方式，以启发学生的思维为核心，调动学生的学习主动性和积极性，促使他们轻松学习的一种教学指导方式，核心是设置情境。这样看来，启发式教学方式有多种多样的表现形式，可以是提问、研究、观察等。但实践过程中，很多师范生单一地以为启发式教学就是问答，所以在教学过程中往往用问答的方式串联课文内容，当然这不是不可行，但是单一的问答不完全是启发式教学的全部。同时，问答的设计也要精益求精，不能只是简单的提问，还要在问题的内容上多下功夫。比如，浅表式的问题往往不能促成学生思考，相反还让人感觉得一种“为了问而问”的意图，有悖于启发式教学的初衷。我曾在带师范生实习过程中见识过一名师范生的问答模式，一节语文课连续三十几个问题，浅表性问题占据绝大多数，表面上课堂热热闹闹，互动性很强，但细细考量下来，学生从这些问题中根本没有学会思考文章的核心内容，更谈不上设置有效的教学情境了。

（二）见实习能力

师范生要想能胜任教师这个角色，必须要过见实习这个门槛。美国的教育家杜威提出教育的本质应该是教育即经验的继续不断改造，为此，提倡从经验中学习，以便获得为达到直接需要和目的的各种技能和技巧。德国本纳的实践的非肯定性教育行动思想认为人是唯一“未完成”和“不完善”的生物，因而人是需要实践和能够实践的造物，它有实践的任务和必要。从某种意义上来说，人和人性就是实践。并进一步指出：“不是要把成长着的一代，教育成亚里士多德意义上的知识者和统治者，而是要把他们教育成在理论问题和实践问题上都具有判断能力的人。”[1] 再回到我国，陶行知秉承其老师杜威的思想，对当时社会培养那些四体不勤、五谷不分只善于制造书呆子的教书匠做法深恶痛绝。他以乡村实际生活为中心，要求师生在教、学、做中受教育，即应当采取“教学做合一”的方法，或称“一条鞭法”。按照他的解释，这种教、学、做合一的方法是：“教的法子根据学的法子，学的法子根据做的法子。事怎样做就怎样学，怎样学就怎样教”。[2] 其实质在于把教师的教和学生的学在实践中的做三者统一起来。他强调以做为中心，认为做是第一位的，教

---

❶ 黄志成：《国际教育新思想新概念》，上海：上海教育出版社，2009 年，第 422 页。
❷ 陶行知：《陶行知全集·卷一》，长沙：湖南教育出版社，1984 年，第 666 页、第 641 页。

师的教和学生的学可以在做上得到统一。他认为:“师范学校的各门功课都有专业的中心目的，大部分都应与中心学校联串起来。例如，教育学、心理学等功课若是附加的性质，决不能发生很大的效力，这种功课应当与实地教学熔为一炉。”[1] 这种让学生在实践中学习教育理论的方法有很多好处，它不仅提高了学生学习教育理论的兴趣，而且能使学生较快地形成技能技巧和提高工作能力，学得真正的知识。很显然，实践取向的教育理论化解了教师教育的学术性学科知识为重和师范性伦理道德为重的矛盾，也更符合教师这个职业的专业培养属性。

20 世纪中叶以后，许多国家纷纷取消封闭式的师范院校，以开放方式培养教师。开放式的教师教育的特点是，职前师资培训实行分阶段培养模式，这是近年来师范教育中一个较大改革。即首先进行学科知识的学习与研究，然后集中进行教育理论与能力的专业培养，学科学习和专业培养是继时性的。除此之外，潘懋元先生还提到共时性模式（学术性培养和专业性教育同时或平行地进行，我国传统师范教育属于此模式）以及整合模式（学术性培养和专业性教育不仅同时进行，而且是相互配合的方式进行，力求理论学习和教育实践一体化）。美国的教师教育属于继时性模式，美国单一的师范院校在 20 世纪 80 年代所剩无几，准教师的培养主要来源于综合性大学。除了本科文凭以外，要当教师，必须要到教育学院进行教育专业的知识学习、教学方法和技能训练并通过专业考试，获取教师资格证后，才能上岗，才能登上讲台。在学习中，很注重课程的综合化、生活化、活动化，关注学生实践体验，着眼于学生的个性特长和实践能力。

长期以来，我国的师范生培养一般比较注重学术性的培养，专业实践的时间控制在 6—8 周。随着我国高等教育大众化的实施，师范生的人数正在增加，由此带来了师范生实习经费、基地、指导教师不足等一系列问题。面对这些现实问题，各个学校集思广益，从教育实习创新的角度做文章，目前比较典型的做法有顶岗实习（顶岗支教）、一见二实三定岗等模式。

自 2000 年西南大学张诗亚教授在向教育部的报告中正式提出“顶岗支教”以来，这一人才培养途径在全国各高师院校得到广泛探索，也受到了教育部的高度肯

---

[1] 陶行知:《陶行知全集·卷一》，长沙: 湖南教育出版社，1984 年，第 666 页、第 641 页。

定与重视。2006 年 6 月，在率先开展师范生顶岗实习的西南大学，教育部师范司召开了师范生实习支教工作研讨会，师范司司长管培俊作研讨总结。他认为，师范生开展顶岗实习支教意义重大，一是对师范生培养模式改革具有开创意义，有利于学生实践能力和综合素质的全面提高；二是对社会主义新农村建设中的农村教育有积极意义，对缓解农村师资的结构性矛盾和提升农村教师教育质量也有积极的推动作用。2007 年 6 月，在河北廊坊召开“师范生实习支教工作座谈会”，并在同年 7 月下发了《教育部关于大力推进师范生实习支教工作的意见》。

“顶岗实习”是指高校师范生通过顶岗任课的方式来完成教育实习任务的教育实践活动。它主要是改变传统教育实习的做法，轮换选派师范专业高年级学生定点到农村中小学进行为期半年或一年的顶岗实习，并让农村中小学被顶岗出来的教师参加高等院校组织开展的系统培训，实现农村中小学师资水平和教学质量的不断提高。“顶岗实习”是教育实习的一种创新模式，它融农村基础教育师资问题与教师教育人才培养模式改革于一体，促使农村中小学教师不断更新和质量提高，推动农村基础教育发展和促进高等学校教师培养模式改革，实现高等院校与农村中小学双赢互惠。但“顶岗实习”实践中也会遇到很多问题，如实习和支教是一组矛盾，如何解决？执教时间过长会不会影响师范生专业知识的学习？实习环境更为自主，指导教师素质偏低，师范生如何把握？面对农村生活和教育不尽如人意，如何克服师范生职业倦怠？目前还没有明显的研究证据证明，顶岗支教对师范生的技能培养有多大帮助。

如果说“顶岗实习”是时间上集中实习的一种创新模式，那么“一见二实三顶岗”则是分阶段实习另一种模式。2009 年 2 月 16 日《中国教育报》第 5 版曾以“创设课堂进校园，实现教学做合一”为题报道了马鞍山师范高等专科学校积极推进师范专业课程教学改革，适时推出师范专业“课堂进校园”的教育教学改革，构建了“一见二实三顶岗”的教育教学模式。即在校师范生从一年级开始就进行为期一年的见习，二年级第二学期进行为期 8 周的中期实习，三年级第二学期进行为期一个学期的顶岗实习，形成“学中做，做中学”的实践教学格局。“一见”主要是提供师范生对未来工作的感性认识，为他们学习专业课打下基础，增强师范生的学习兴趣，提高专业认识。见习每周有半天时间，主要是安排师范各专业的学生在小学或幼儿园上两节专业课，课间时间深入小学或幼儿园班级，利用课余其他时间和所分配的小学班主任、小学教师、学生甚至家长近距离接触、交流和学习。“二实”主要是8周进学校混合编组的集中实习。实习内容主要为教学工作实习和班主任工作实习，这个过程一般由本学校教师和实习校教师共同指导，但以实习学校教师为主。“三顶岗”主要是学生临近毕业综合实践环节，包括顶岗实习、毕业设计和就业三个方面，为此，马鞍山师范高等专科学校在2009年出台《毕业年级学生综合指导实践方案》，明确综合指导工作任务是：综合指导教师对本组学生（20—40名）进行顶岗实习指导、毕业设计指导和就业指导，实行任务“三位一体”、综合指导教师包干负责机制。要求综合指导教师按照学校就业工作部署和要求，做好毕业生的就业政策咨询、就业信息提供、就业单位联系等工作。这种“一见二实三顶岗”同样也存在不可克服的矛盾：第一，一年级的学生在对专业知识完全不了解的基础上冒然以课堂进校园的方式来进行见习，效果实在不敢恭维。再者，那么多师范新生进入实习学校势必对单位正常的教学秩序造成影响，如何加强见习单位的合作是一个难题，否则纵然是进了学校也未必能有收获。此外，见习的内容应该细化，不能为见习而见习，这方面南京晓庄学院做得比较成功。第二，“二实”混合编组的集中实习，高校实习指导教师应适当减轻授课压力，便于有充足的时间参与学生实习指导，而在马鞍山师范高等专科学校由于编制缺乏、人员紧张，指导教师往往一身数用，疲于奔命，很难专注于学生的实习指导。第三，“顶岗实习”只是毕业综合指导的一部分，不易和毕业设计与就业放在一块。相反，它应该是前提，因为只有完成顶岗实习这个阶段，师范生才有资格谈毕业设计和就业。而且，让一个综合指导教师负责20—40名学生的就业单位联系必然会造成就业指导流于形式，教师社会资源相对较少，联系就业单位应该是学校出面解决的问题。

相比较而言，德国的教师教育也是分阶段实施的。第一阶段大学学术教育是培养作为教师应具备的学术上的基础能力，它的目的在于使准教师熟练掌握进行教学和教育所必需的理论基础和研究成果，为从事教师这一职业活动打下坚实的学术基础；第二阶段的实习教育则是养成作为教师应具备的实践能力。它的目的在于使准教师熟悉学术实践和教学实践中各方面的情况和问题，培养其独立进行教学和教育工作的能力。这方面近似于我国传统的师范教育，只不过德国在第二阶段之前已经初步涉及见习，见习一般安排在第三学期，为期5周，主要任务是在带教教师指导下听课、评课，见习结束时，学生可以有10分钟试讲，但不做硬性要求。在见习完成基础上，以实践性为特征的教育实习做得更细，时间通常为18个月，实习生一般上午见习或试教，下午在研修班讨论，实习上课的次数也由少到多，一半的课有指导教师指导，另一半的课独立完成。这就意味着既有自主发挥的天地，也有正规有序的指导，呈现出准教师通过不断实践、不断总结，对教学工作从生疏到熟悉的渐进的良性循环。研修重点是中小学的实习，其目的在于使实习教师们在心理上更快地适应教学的需要。不仅如此，学校还加强了见习和试教的环节。除正常的5周外，学校还利用课程假（如卡塞尔大学6月放假，一直到10月中旬开学，这一时间段有相当一段时间中小学还在上课）来增加学生的见习机会。新加坡、澳大利亚等国也加强了教师教育课程的实践取向。

我国新版的《教师教育课程标准》也做出了相应的变化，把幼儿教师、中小学教师的职前实习时间修订为18周，可以说是顺应了世界教师教育实践取向的主流。那么一个师范院校教师的见实习能力要达到什么要求呢？

首先，你要做到“四勤”，即“口勤”“手勤”“腿勤”和“眼勤”。

所谓“口勤”就是要多尊重实习点的老师，不明白的问题及时和指导老师沟通。我带了那么多年见实习师范生，真的就有非常被动、不愿和指导老师交流的学生。以至于指导老师也很少管，课也没得上。直到我作为带队老师来到实习点，有些实习老师才哭诉自己的遭遇。其实我当时想，为啥不主动找老师沟通呢？没办法，自己的学生还是自己出面解决，费了好大劲找到实习学校的指导老师，坦诚与她交流，批评自己所带的实习学生不太懂事，才勉勉强强安排他们上课。当然，这部分学生不在多数，也有的学生很会沟通，实习结束，好多指导老师给他们送礼物，真的让人羡慕不已，这或许也是对他实习工作的最佳褒奖。

“手勤”就是要懂得多多记笔记。我在带实习生的过程中，因为各个指导教师要求不相同，所以实习生最后的收获可以说大相径庭。记忆中马鞍山四村小学的一位指导老师非常认真负责，他带的实习生每次上课堂教案都要经过他审阅签字后才能上课堂，每天都有实习生的要求和成长记录，这个学生的实习记录详细到每天做的每件小事，甚至细微到教案修改的记录都清清楚楚。我想，经过这样的训练，他的实习过程一定是满满的收获。

“腿勤”就是要勤于做事，很多的时候要一直在路上。我曾开玩笑地对自己所带的实习生说实习的过程就是做“店小二”，要懂得及时“上菜”“刷碗”，处理好实习学校及实习指导老师和班主任交代的各项任务，不能怕苦怕累。只有在这个不辞辛劳的过程中“跑”下来，你才能有所收获。很多的实习生在刚到实习学校时常抱怨事情多，应接不暇，我总是告诫他们实习过程不可能轻松，要多动脑、多用腿。记得我本科实习阶段，我们一个实习小组 12 人，我是实习小组组长，那时我们总是在学校早读七点半以前提前半小时来到语文教研组办公室，利用半个小时时间扫地、擦桌子，帮指导老师沏好茶，当实习指导老师早晨来到办公室的时候，他们往往第一时间感受到的是实习生对他们的尊敬和感激，当然这一天的心情都会备感愉悦。小事可以成就一个人，细微处更是一个人体谅别人、理解别人的最佳表现。所以我们那一届实习生在芜湖八中实习结束后得到了八中语文老师的一致首肯，认为是所有实习生中表现最佳的一届毕业生。

而“眼勤”就是眼中要有活，细致认真观察。实习教学、班主任工作无小事，实习教师要细致入微地观察、了解指导老师和实习班级学生的一言一行，做到心中有数。记得我实习班主任工作时，我的指导老师是一位年纪稍长的老教师，平常她少有笑脸，但对我们实习生还是比较友好的。有一次我和隔壁班实习指导老师商议组织一次班级乒乓球对抗赛，拉近学生距离，丰富学生的课余文化生活。本来我们商定是周三下午进行的，可突然间我的班主任指导老师却临时告知我周三下午要开一个班级会议。刚听到这个消息后我有些不太乐意，毕竟为了这场比赛我们组织了很长时间且已通知各自班级，但从协调本班班主任工作的角度考虑，我们还是另外选择了比赛时间。“眼勤”不仅要善于观察，更需要站得高、看得远。当然这种观察能力不仅仅是指向实习学校的指导老师，还要细致观察自己所带的学生。比如，学生的服装、举止甚至言谈。这里我仅就实习生着装举一个例子。记得我在马鞍山一所小学带队实习，这个实习点学生稍多，各个专业都有，尤其是外语系的学生较多。实习点有个外语系的女生着装比较随意，给实习点的老师带来了一些不好的影响。于是该校校长在我来校了解实习生情况时侧面告知我说，现在小学生成熟得早，请我向实习生传达一下，夏天尽量穿得得体一些。我马上明白了她的意思，了解了这名外语系学生着装上存在的一些情况，私底下把她叫到走廊，告知她要注意自己现在来实习就是未来的人民教师，教师的衣着要符合大众审美。这样，我既顾及了这位外语系学生的自尊，又很好地解决了当时存在的问题。果然，第二天开始这个实习生便改变了着装。

教师的实习能力是每个师范院校专业教师必须具备的素质。它不仅需要教师有深厚的教学能力，还要求教师能多方位地解决实际问题，形成良好的沟通能力。

（三）反思能力

所谓“反思”指的是对一个问题的再思考的过程。反思能力在教师成长过程中起着至关重要的作用。

1. 反思是教学提高的手段

作文教学通常是语文教学中最难以掌控的，主要原因是以往的作文教学主要是教师讲一则范文，而后同学们依照教师的作文要求，做临摹式的写作。学生生活经验有限，作文中可用的素材自然就比较少。往往为了写好一篇佳作，绞尽脑汁，甚至不惜编造材料来增加作文的形象性和感人性。记得有一年某省考试作文题目是“坚韧”，结果绝大多数同学都是写自己，这里边又有绝大多数写自己年幼父母双亡，自己成为孤儿，然后如何在逆境中奋起，感动人生的过程。后来阅卷老师觉得很奇怪，心想也不至于这个省会出现那么多孤儿啊，就真的调查了这些写感动自己的“孤儿们”，发现他们的父母还依然健康地活着。这看似是个笑话的案例其实道出了我们作文教学过程中存在的弊端——闭门造车，学生生活经验没有真真切切感受到的东西，要想写出好文章无疑是痴人说梦。

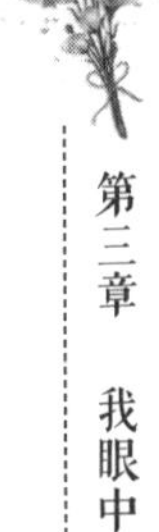

发现生活经验对学生写作尤为重要这个作文教学经验，很多教师就会经过自己的反思，进一步把作文教学落实到生活中去，让学生有话可写，写出自己真正的感受，这样的写作才是有意义的，才是取之于生活，来源于生活。记得我上大学一年级，中文系开设写作课程，那时我刚从高中应试作文教学中走出来，好多时候在高中应试“八股文”渲染下，不敢动笔，套话空话比较多。记得那时候教我们写作课的老师是舒永平先生。他一改我们对于写作的认知，让我们放开去写。因为有这样的写作思路，他上写作课也别具一格。记得有一次他让我们写一篇对于芜湖这座城市印象的文章，为了便于大家真实地了解芜湖市的风土人情、历史文化，他竟然带着我们这届学生 115 人去芜湖长街考察体验生活。芜湖长街当年是芜湖非常出名的小商品市场，其中商户众多，人员来自五湖四海，商业气息浓厚。同学们来到长街后，舒老师又让大家分组自由考察，了解长街现实情况和芜湖乡土文化，同学们的兴趣一下就被调动起来了。有的围绕商户售卖货物，有的研习芜湖地方语言，还有的考察长街的建筑特色，真正做到了从现实中寻找写作材料，结果那篇文章是同学们在写作课上写得最好的一篇习作。不仅提高了同学们写作的兴趣，同时也让同学们了解了写作的基本要求，即真实的来源生活且高于生活！我后来想，没有舒老师在教学工作中的反思，他断不会带着我们来到芜湖长街，去解决同学们当时写作中急需解决的问题。

2. 反思是育人工作的保障

反思既是一名教师教学成长必要的手段，同时也是教师育人的必要保障。一名好的教师，不仅仅要教好书，更要育好人。在我从教三十多年的经历中，有许多育人情境、方法、结果都值得反思，也许正是这些鲜活的反思案例，使我认识到，一名教师的成长永远是在路上的，他将始终处在“活到老，学到老”的过程之中。

后进生转化对每个班主任教师来说都是一件令人十分头疼的事情，但事实上，每个班级甚至每个老师，都会在日常教育教学工作中遇到一个甚至多个后进生，所以，这个难题对所有的从教老师都存在。我从教的过程中也遇到过不止一个后进生，其中有的经过自己的努力和感化，最终走向正轨，取得了不错的成绩，这是做老师最为欣慰之事！遗憾的是，不是所有的后进生都可以被感化，造成他们学业困难甚至其他毛病的原因本身就是繁杂无序的，一个教师的精力、能力也是有限的，不可能找得到所有打开后进生成功的金钥匙。每次成功地转化了一名后进生，我们都十分自豪欣慰，但每次未能及时转化有些后进生，又使得我们这些教师十分痛心。

记得我带高中时，我有一名绰号“黑老八”的学生，也许是他皮肤黝黑，所以被学生起了这个雅号。促成我关注他的原因是他的父母和我父母同在一个厂区，相互熟悉。要说人品，这个学生还是非常不错的，待人真诚，乐于帮助朋友，遇到事情总是憨憨一笑，从不记仇也没有啥心机。高中的时候，他结交的一些朋友都是一些小混混，学习成绩下滑，考大学基本无戏。也许是因为我和他同属一个厂区的子弟，抑或是我们年龄相差不多，所以，有事无事我们经常会一起聊聊天。从性格角度来说，我还是比较喜欢他那种憨憨的个性，也乐于和他相处并不时地敲打他两下，无非就是要求他好好学习，对得起父母。也许是我没有能真正找到他学习落后的原因，或许他那个年龄段的孩子本身就处于叛逆期，他最终没有考上大学。起初说他考驾照，后来就不知所终。待到后来听说他帮别人看赌场，然后又去了重庆……时至今日，每每遇见他以前的同学，我都会询问他现在如何，他的同学也知之甚少。一晃几十年，也不知他现在过得怎样，但作为一名曾经陪伴他一起成长的教师，我心中总是有一丝丝的遗憾。有时候曾想，假如那时我们一起努力，积极地和他的父母沟通，找到他学习后进的原因；又假如在他高中毕业后我能及时地给予他相关的建议并帮助他脱离那些不好的同伴；再假如每周约定和他真诚地聊一次天，树立他的信心，或许老八未必会走到如此地步。然而，现在的假如都已经没有任何意义了，只有在记忆中每次滑过那个憨憨的笑脸，那个充满稚气的眼神，心中就会有些许的惋惜。也许每个人的路都是他自己选定的，别人帮不了什么，但作为一名曾经教过他的教师，我还是在反思中觉得自己似乎还可以做更多，只不过那时自己也是初出茅庐，没有适时适度为一个本可以良性发展的孩子指明前进的方向，真的倍感遗憾！现在的他不知过得怎样，但愿平平安安，一切如愿吧……

3. 反思是教师成长的路径

如果说反思是教师对于教育教学实践的再思考，那么教师成长就必须依靠反思这样的路径，因而有研究者定义教师是“反思性实践者”。这个概念有两重意义，一是教师是实践者，离开实践教育行为教师就如同无水之鱼；二是教师是反思者，即教师的成长离不开教师对实践的再认识。前面我们已经说到教师在教育实践过程中教学、育人都离不开反思，除了这两个大的方面，教师的整个成长过程都和反思息息相关。

曾经有人说，从新手到专家型教师需要五至十年的成长过程。我觉得从一名刚出学校的师范生成长为一名较为成熟的教师，所需要的时间是根据不同的人的学习体验乃至悟性决定，其中一名教师的反思性起着非常重要的作用。比如，刚开始入职，大部分新手教师对“课程”这个概念理解为自己所任教的学科，基本上都是围绕教材来传授知识。对于教材以外的与教学内容密切相关的材料几乎都不敢涉猎，基本上都会经历“教教材”这个阶段。主要原因是新手教师对教材不是很熟悉，为了在规定的课时里完成学科教学任务，通常最好的办法就是以教参为依据，不越雷池半步。殊不知，这种对“课程”的理解还是停留于课程是“跑道”这个层次，它仅仅是把课程当作学科，当作是学生学习跑步这一过程的跑道，不能超越。

随着教师教学经验的累积，新教师会逐步认识到教学不能仅依靠教材作为教学的内容的全部，适当的拓展成为教学的必然，“教教材”开始向“用教材教”转变。这一时期，有关“课程”在教师心目中的内涵已然发生变更，它不再是限制学生学习的“跑道”，而变化成“跑的过程”。就是说，学科教学不单单指的是一门学科的教，还包括整个教学的过程，包括学科课程选择、学科教学开始、教学方法选择、内容的筛选、教学评价等。“跑的过程”对于课程的定义显然远远超出“跑道”定义的内涵，有了这样定义课程概念的教师，基本上都是具备一定丰富教学经验的老教师，它促成教师不仅仅关注教材，更关注教学的过程，把整个课程实施当作一个完整整体来把控；在此基础上，教师进一步反思“课程”内涵，会把“跑道”“跑的过程”上升到“跑的体验”。而所谓“跑的体验”其实是后现代课程观倡导的主题，它不仅仅是把课程当作一般意义上的材料或者围绕材料所做的一切规划、计划和实施，更多的是把“课程”定位于学习者本身，强调学习者自身体验来构建课程的实施和评价。这一观念也切合新课程改革基本思想，有利于教师在构建课程内容、实施、评价上更多关注课程学习者。

上述“课程”定义变化，其实就是一名教师通过教学逐步反思，一步步接近课程定义的内核，顺应课程变化和改革的呼声，跟时代接轨的具体表现。它只是教师在成长过程中通过反思走向成熟的一种表现，这样的事例其实在教师成长过程中比比皆是。无论是教育教学的理念、方法，还是育人的经验，都是需要教师做个有心人，从实践中找到反思点，找寻值得改变和提高的问题，这样，一个新教师才可能少走弯路，走向成熟型的反思型智慧教师。

（四）研究能力

有人说教师是反思型实践者，也有研究者说教师是研究型变革实践者。所谓“研究”指的是主动寻求根本性原因与更高可靠性依据，从而为提高事业或功利的可靠性和稳健性而做的工作。很显然，依据这样的定义，我们可以确信研究能力对于教师成长的重要性，它可以保障教师工作的可靠性和稳健性。一般而言，研究在普通中小学教师眼里属于高大上的字眼，往往是可望而不可即的。他们认为，中小学教师只要教好书，研究不研究无关紧要。其实非也，教师日常工作中很多事务都有着现实意义，无论是教学还是育人甚至到教师本身的成长，每一个生活细节都蕴含着待研究的鲜活的案例，我们只要做一个有心人，就可以在平淡的教师生活中找到值得我们探讨的话题和事例，通过这些事例来进行研究，既有利于改善我们的教育教学工作，也对我们自身的成长具有重要的积极意义。也就是说，一旦教师具备了发现问题的眼睛，就可以在教育教学生活中找到解决问题的方法，逐步提升自己的教育教学能力。科研是教学的内在驱动力，是教师成长的纽带，没有研究能力的教师不能算作一名成熟且合格的教师。教师的研究能力可以从以下几个方面来开展。

1. 吃透教材

教材是教师在教学过程中的参照，任何一门学科教学都要在依据教材的基础上来组织教学内容。但教材不是捆绑教师的脚镣，教师在组织教学内容过程中可以做适当的补充或者删减。新手教师在这一点上不太容易把握，主要原因是这些教师对教材的熟悉度远远不够，就很难谈得上游刃有余地增删相关内容。中小学教师几乎都有一个不成文的规范，一个任课教师要想就某个学科、某个年龄段教学能够站住脚，至少得在这个年龄段的学科教学中教上一个轮回。这个不成文的规矩主要还是考虑任课教师对教材的熟悉程度，一名刚任教某个学科某个年龄段的任课教师，没有一个周期的教材内容的熟悉，就很难在本学科教学中做到内容上的融会贯通。比如，以前中学语文教材中选过数篇鲁迅先生的文章，其中有散文、杂文、小说等诸多文体，反映了各个时期鲁迅先生思想的变化和发展，尤其是杂文、小说更是在内涵上涵盖了鲁迅思想的精髓，诸如欺强凌弱、比丑心态、麻木不仁等国民思想的劣根性，这些对国人“哀其不幸、怒其不争”的思想看似是鲁迅先生在嘲讽戏谑，其实深刻了解鲁迅先生一生成长过程，你才可能感受到他对这个国度深厚的情怀，对国民愚昧的痛恨，真可谓是爱之深、恨之切！如果教师在整个语文教材中系统地把握了鲁迅作品选文的序列，就可以大体了解散文作品主要是鲁迅早期生活和思想形成的原因，而小说则是他弃医从文、选择呐喊的真实表现，杂文则是他直面惨淡人生，从不退却的战斗者精神体现。一本语文教材、一个作家选文都可以通过熟悉进而达到融会贯通，语文教材中有很多作家选文，也有不同主题意义的构想，如果我们真正吃透教材，就可以触类旁通，有效地提高教学内容的深度和广度。

对教材的“吃透”不仅仅表现为触类旁通、融会贯通，有时候还需要我们教师对教材做进一步地深入思考。有段时间，语文教材删除了一些经典且具有时代意义的选文，诸如《鲁提辖拳打镇关西》《谁是最可爱的人》等。《鲁提辖拳打镇关西》被删除据说是有位教授觉得这篇课文渲染了血腥的杀人场面，我们姑且不讨论他的观点是否正确，估计他担心的是文中的这些描述：

郑屠右手拿刀，左手便来要揪鲁达；被这鲁提辖就势按住左手，赶将入去，望小腹上只一脚，腾地踢倒在当街上。鲁达再入一步，踏住胸脯，提起那醋钵儿大小拳头，看着这郑屠道：“洒家始投老种经略相公，做到关西五路廉访使，也不枉了叫做‘镇关西’！你是个卖肉的操刀屠户，狗一般的人，也叫做‘镇关西’！你如何强骗了金翠莲？”扑得只一拳，正打在鼻子上，打得鲜血迸流，鼻子歪在半边，却便是开了个油酱铺，咸的、酸的、辣的一发都滚出来。郑屠挣不起来，那把尖刀也丢在一边，口里只叫：“打得好！”鲁达骂道：“直娘贼！还敢应口！”提起拳头来就眼眶际眉梢只一拳，打得眼棱缝裂，乌珠迸出，也似开了个彩帛铺，红的、黑的、紫的都绽将出来……郑屠当不过，讨饶。鲁达喝道：“咄！你是个破落户！若只和俺硬到底，洒家倒饶了你！你如今对俺讨饶，洒家偏不饶你！”又只一拳，太阳上正着，却似做了一个全堂水陆的道场，磬儿、钹儿、铙儿一齐响。鲁达看时，只见郑屠挺在地上，口里只有出的气，没了入的气，动弹不得。

任何有关文本的解读都是仁者见仁智者见智，这或许就是文学作品长盛不衰的一个原因，它因读者的身份背景、文化底蕴乃至时代不同会表现出不同的意义。但文学作品的诠释和解读是有一个边界的，就是要依据作者在写作过程中所孕育的内涵作为解读的尺度，否则，盲目地断章取义，很容易偏离作者的本意。很显然，《水浒传》中作者详细描写鲁提辖拳打镇关西这一节目的是要弘扬鲁提辖见义勇为、伸张正义的精神，这也与水浒传中所赞美的英雄谱系有着一脉相承的关系，更与中华民族的传统美德息息相关。鲁提辖拔刀相助、弘扬正义不单单是拳打镇关西时场面的细化，作者详细地描述这个场面其实有一种大快人心之感，因为不可一世、仗势欺人的郑屠夫终于在正义面前求饶，并得到了应有的惩罚。假如我们只是看到所谓的“暴力”，那岂不是一叶障目，“捡了芝麻，丢了西瓜”？

如果说上面的案例还不足以证明对教材建设反思的重要性，《谁是最可爱的人》从中学语文教材中移除就更让人不可思议。小时候上学的时候，当我读到“亲爱的朋友们，当你坐上早晨第一列电车走向工厂的时候，当你扛上犁耙走向田野的时候，当你喝完一杯豆浆，提着书包走向学校的时候，当你安安静静坐到办公桌前计划这一天工作的时候，当你向孩子嘴里塞着苹果的时候，当你和爱人悠闲散步的时候，朋友，你是否意识到你是在幸福之中呢？你也许很惊讶地看我：“这是很平常的呀！”可是，从朝鲜归来的人，会知道你正生活在幸福中。请你们意识到这是一种幸福吧，因为只有你意识到这一点，你才能更深刻了解我们的战士在朝鲜奋不顾身的原因。朋友！你已经知道了爱我们的祖国，爱我们的伟大领袖毛主席，请再深深地爱我们的战士吧，他们确实是我们最可爱的人！”我都会感受到今天的生活来之不易，都会感受到志愿军战士的爱国情怀，都会被先烈们的英勇顽强、不怕牺牲的精神感动得热泪盈眶。可就是这样一篇优秀的作品，却被认为是渲染战争，今天的幸福生活与文中的英雄人物没有必然的因果关系。作为新时代的青少年，也应该有自己的价值观，现在还给他们灌输那些陈旧过时的革命英雄主义，有点不合时宜。我个人以为这两个删除的原因都牵强附会。首先，我们今天的幸福生活不仅与革命先烈有关系，而且是有着必然的关系。没有那些先烈们用自己的热血捍卫祖国的大好河山，哪里还有我们谈幸福的资格？和平不是靠我们强求的，战争也是。如果我们认为以历史的真实来描述战争有什么渲染战争之感，那我觉得牵强附会至极！战争有时候是抵御侵略的唯一可靠选择，不能因为战争有流血、有牺牲就害怕战争，那和投降者又有什么区别？尊严从来就是自己争取的，不能把希望寄托于别人。

习近平总书记在全国高校思想政治工作会议上强调，要用好课堂教学这个主渠道，各类课程都要与思想政治理论课同向同行，形成协同效应。吃透教材，把握教材中一些生动的思想政治典范，正是课程思政最好的体现。很高兴我在写此书的时候得到消息，这篇从中学语文教材中消失已久的优秀作品又重新回归中学语文教材。

2. 了解学生

时代在变化，学生也因为时代的变革发生着变革。伴随着互联网成长起来的一代又一代学生群体，他们与我们求学所处的时代有着截然不同的学习环境；同时，这些孩子是在中国实行计划生育政策时代出生的，大多数的孩子都是独生子女。作为教育的双主体，教师要成功地影响自己的学生，了解他们、融入他们、真诚地和他们相处，陪伴他们健康成长就是一个难以规避的话题。

了解学生不能仅仅满足于表现，要真实地走进学生的心里。很多学生在校就读，他们心里都藏着这样那样的遭遇和经历，作为教师，如果只是满足于表面上的熟悉，其实就很难找到造成这些问题学生这样或那样的真实原因，也就很难对症下药，有效地解决问题。从教三十多年来，遇见过各种各样的学生，他们作为个体其实都具有鲜明的代表性，直到今天，我都不敢说很了解我所带过的学生，因为要真实地了解每个个体，需要用真心走进他们的心灵深处，打开他们的内心世界，这需要漫长的时间和耐心。

（1）方法要得当。我在马鞍山师范专科院校执教经历中，曾客串过“大学生心理健康教育”这门公共课程。记得这门课程罗列了许多大学生心理亚健康的案例，并给出了相应的措施。生硬地给学生讲这些效果未必就佳，我采取了互动的教学模式，先让学生敞开心扉，自己陈述自己的心理困境（现在或过往的都行），并让他们上台将自己的故事讲给同学听。没想到这个方法效果颇佳。记得当时有一个来自安徽池州的男生，他生动地讲述了自己高考失利，学习下降的原因。原来这个孩子的父亲是个货车司机，本来有一个完整而幸福的家庭，可偏偏在高考前他父亲因出车祸丧失劳动能力，家中欠下巨额债务，母亲又在此时和他父亲离婚。家庭的破碎本来就使得他无心读书，再加上他的数学老师在他模拟考试成绩突降的前提下，不问青红皂白，当着全班人羞辱他，更让他不想待在学校了。于是，逃课、吸烟、打架成为他高三的“必修课”。以至于高考成绩出来远远落后于别人和老师的期待。他一字一句陈述他的过去，本来班上同学还有人窃窃私语，掩口而笑。可随着他声泪俱下，哽咽颤抖地陈述完毕，班上鸦雀无声，出奇安静。我那时想，估计这个经受生活磨难的小男生，用他真实的故事打动了在场的所有人，也包括在场的我！课下，我悄悄地留下这位小男生，告诉他人生的磨难是必修课，他的故事很感人，希望他调整心态，积极面对人生。这个真实事件已经过去数年了，但我还是觉得，这节课我所用的“心心相印”的倾诉方法，让我真实地了解了一个问题孩子可能不愿向别人敞开的内心。希望这个来自池州的男孩子从此能放下心中的这个结，顺利地走向社会，找到属于他的一切美好！

（2）走进学生内心，站在学生的角度替他们思考。还是在马鞍山师专工作的那些年，我记得 2015 届有个数学专业的学生，毕业时他面临选择，当时南京市有个辅导学校让他去任教，而他自己又十分想考研，面对这样两难的选择，他自己处在困惑中。也许出于他对我的信任吧，居然一次在校园里拦住了我，让我帮他选择该何去何从。我当时如实告诉他自己的想法，就是加把劲去考研究生，将来毕业出来不愁找不到更好的工作。那个学生不知是早有打算还是真的听从我的建议，后来他果真放弃去南京那家辅导机构任教，一心去报考了安徽大学硕士研究生。第二年，他打电话给我说考上了安徽大学公费研究生，旅游管理专业。我真心替他高兴。

大约在他读研第二年，有一天他忽然打电话给我，电话那头我明显感觉到他精神状态欠佳。寒暄几句之后，我问他最近生活如何，他坦率地和我说，他谈了八年的女朋友和他分手了，话语之间充满着感伤和不舍。我忙着问分手的原因，他说他女朋友嫌他一直读书，根本给不了她所要的幸福！听着他低沉的话语，我实在不想让他过度悲伤，平淡理性地和他说，不值得为这份本不属于你的感情伤心，天涯何处无芳草等，希望他可以自我解脱。谁料想，没过一周，他再次打来电话，似乎还是想找我倾诉他的悲伤。这时候我才大略知道这个女孩对他伤害太深。考虑到不给他一些强烈刺激，或者说是“休克疗法”很难把他从感情的漩涡中拉回来，我话语变得强硬很多，说你要是个男人不是去挽留她，而是做出成就来让她后悔自己的决定。并带着一点伤他的话语说给他一个月时间，如果走不出来就别打电话给我，也不要在外边说是我的学生，并不假思索地挂了电话。我当时的目的就是想通过这样的强刺激让他清醒，重新回归正常的学习生活。后来他真的没有再给我打电话，直到他毕业的时候打来电话说有两个单位选择，一是省城的一个开发区规划部门，另一个是一所高校。我毫不犹豫地告诉他我的看法，建议他选择去高校，他再一次听取了我的意见。

又过了几年，他再次打来电话，咨询我博士研究生面试方面的常识，我毫无保留地告诉他我的经历。直到他真的被一所985高校录取成为博士研究生的那一刻，我为他感到高兴，可以说他在与我这个老师的真心交流过程中成就了自己，作为老师也许就是最大的荣光了吧！如今他已经娶妻生子，也很少再和我交流他现在的情况，但我欣慰的是，在一个学生如此需要真诚帮助的时刻，作为他的老师，我没有辜负他的信任和期待。

（3）做学生心目中的良师益友。记得是在安徽马鞍山师范高等专科学校，这所学校因为升格时间较短，管理及师资都存在不少问题。我曾经带过2005届升格之初这个学校的第一批高招学生，那时候招进来的学生基本素质还是比较高的，往往都是离本科线差不了多少的学生。让我最感动的是2011年我进入南京师范大学攻读博士学位，那时候这一批学生已经毕业几年了，但当他们知道我在南京师大读书的时候，居然从安徽各个城市汇聚到南京，来看望他们久违的“师父”。虽然只是短暂的师生相聚，虽然别后见面的机会也未尝再有，但是那一刻乃至今日师生之间的友情却是地久天长的。现在估计他们都有自己的事业和家庭了，闲来虽联系不多，但只要我去他们所在的城市，我都会有种幸福感，因为我会想这座城市不再陌生，它有我曾经教过的成功的学生。从教三十多年，教过无数学生，良师益友一直都是我追逐的为师最高境界。每每教师节，当下的学生或者过往的学生发来节日的祝福和问候，都让我觉得这是最好的礼物（如图3–8所示）。

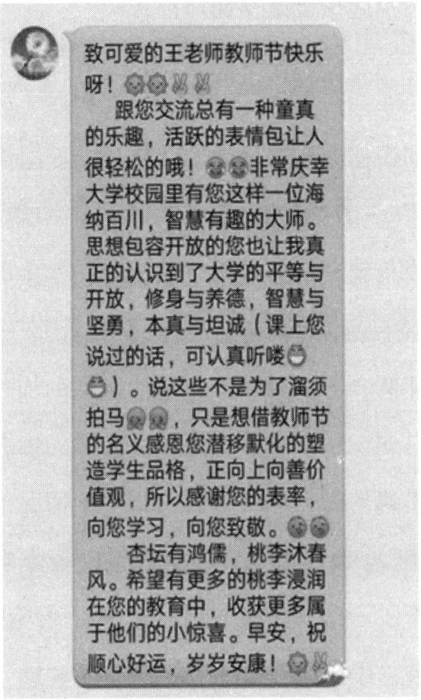

致可爱的王老师教师节快乐呀！

跟您交流总有一种童真的乐趣，活跃的表情包让人很轻松的哦！非常庆幸大学校园里有您这样一位海纳百川，智慧有趣的大师。思想包容开放的您也让我真正的认识到了大学的平等与开放，修身与养德，智慧与坚勇，本真与坦诚（课上您说过的话，可认真听喽）。说这些不是为了溜须拍马，只是想借教师节的名义感恩您潜移默化的塑造学生品格，正向上向善价值观，所以感谢您的表率，向您学习，向您致敬。

杏坛有鸿儒，桃李沐春风。希望有更多的桃李浸润在您的教育中，收获更多属于他们的小惊喜。早安，祝顺心好运，岁岁安康！

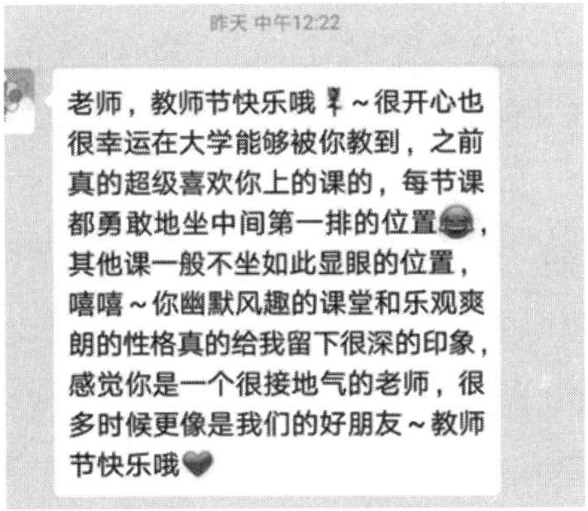

昨天 中午12:22

老师，教师节快乐哦～很开心也很幸运在大学能够被你教到，之前真的超级喜欢你上的课的，每节课都勇敢地坐中间第一排的位置，其他课一般不坐如此显眼的位置，嘻嘻～你幽默风趣的课堂和乐观爽朗的性格真的给我留下很深的印象，感觉你是一个很接地气的老师，很多时候更像是我们的好朋友～教师节快乐哦

图 3-8　教师节学生短信

3. 研磨教法

教师的成长不是一天两天的事，它是一个漫长的历练过程。一位教师若要健康地成长为合格的人民教师，就需要在教法上多做磨炼，形成自己的教学风度。常听说“什么样的老师教什么样的学生、亲其师则信其道、好的教师可以影响学生一辈子”等简单质朴的话语，无非都表明这样的道理，那就是教师教学风度对学生长期

而深刻的影响。那么教师的教学风度该如何形成呢?

（1）教师风度的内在因素包括以下几点。

①教师的内在学科知识能力和严谨的治学精神。美国伊兰·K.麦克伊万在他的著作《培养造就优秀教师——高效能教师十大特征》[1]中借用英国的唐尼·凯利之口说，一个教师不可能仅靠传统、职务和授予的权威使学生服从他，他必须依靠自己的能力和知识，依靠主体自身的权威。有人研究了从19—20世纪美国125位杰出人物的自传，尤其关注那些领导者对自己尊敬的教师的描述，他们描述的结果出奇一致，第一条就是对学科知识了如指掌。可见，教师的内在素质之一对自己所教学科知识的了解以及融会贯通的能力非常重要。很多的情况下，一个教师的风度是由内而外表现出来的。21世纪90年代笔者曾在安徽师范大学中文系学习，教明清文学的赵庆元老师给我留下了深刻的印象。记得他讲明清小说研究《金瓶梅》时细到可以背诵哪一章、哪一节，学生叹为观止，甚至有些疑惑，先生何至于如此博闻强记?后来才知道在那个《金瓶梅》尚属禁书的时代，先生为了研究，每每在图书馆借阅，必抄录于纸上，一本《金瓶梅》在他手上竟成了完整的“手抄本”。先生的博学其实来源于他对该学科深入研究的结果，至于课堂上的驾轻就熟、引经据典、开合自如也不足为怪了。如今虽然先生已经过世，但他在课堂上的音容笑貌却印刻在我们学生的脑海中。除了深入把握学科知识以外，教师严谨治学的态度也可以算作另一个影响教师风度的因素。同样是在安徽师范大学学习期间，教先秦文学的蒋立甫先生则以其踏实、认真的学风感染了莘莘学子。蒋先生讲先秦散文从来是事必躬亲，大到文章的结构、背景，小到文章的注释、出处，都一一考证，上他的课完全容不得半点分神，他的一词一语都是精髓，由不得你有丝毫的放松。先生这种严谨的治学精神直到今天还依然让我感同身受，让我时时在求学的过程中给自己以提醒，帮自己进步。其实，一个内在修为深厚、学养至上的大师级的教师，无须做外表的风度修饰，他们本身就是风度的化身，他们的一言一行无不尽显风度的美，无不对学生的一生形成难以磨灭的影响，也许这就是有其师则必有其弟子的缘故吧。

---

[1] 伊兰·K.麦克伊万：《培养造就优秀教师》，北京：北京师范大学出版，2007年，第1-21页。

②对事业的热爱和对学生的真挚的关爱。教师的内在风度还应包含在“爱”这样的一个内涵之中。这里的爱我以为可以体现在两个方面，即对事业的热爱和对学生的真挚的关爱。事实上，这两个方面是相辅相成的，有了第一个方面，第二个方面自然包含其中。教师这个职业在目前中国其实还是很清贫的，而且，往往一线教师既要面对来自社会及家长的升学压力，还要面对学校各项名正言顺的考核，以至于现在有的教师戏称当下的教师形象为“亚力山大”。在这样的现实境遇下，如果没有对事业的一种至高无上的爱是很难成为一名名副其实的有风度的人民教师的。像现实生活中的广西融水苗族自治县汪洞乡新合村达俗屯教学点“扁担教师”周宏军默默坚守大山 39 载，江西万安县五丰镇曾昭富坚守大山深处执教 33 年等，虽然这些都是个案，但正是这样的一种对事业执着追求的精神让这些看似渺小的人物显得那么有穿透力，那么有风度。难怪有的学生甚至在心里已经把他们当作最亲最爱的父母，而这种发自内心的真诚的认可，就是对教师教育教学的最好最高的评价。对事业的执着追求是教师精神风度的表现，它将向学生传达一种毅力、一种树立理想不停追寻的行动意识，这种内在的气质可以影响他所教学生的一生。

当然，有了这种精神就自然会形成一种对学生的真诚的爱，著名的特级教师斯霞老师说过：“教师的工作对象是学生，如果一个教育工作者不爱自己的工作对象，那么他的教育工作是肯定做不好的。”[1] 爱是教育的基础，更是教师内在教学风度的极致表现。首先，这个爱应该是“博爱”，它必须建立在对所有学生无私且公正的基础之上，公平公正是一个教师内在风度的基石。有人就当前高中生对教师素质要求调查分析后，得出近 50% 的学生对教师的要求是“关心爱护学生”和“公平公正”。纵观现实，的确还有许多不尽如人意的地方，有些教师在市场经济大潮中把握不了方向，把那份最真诚的师生之情加上了许多金钱的符号，以至于教师对学生的那份无私之爱也可以明码标价，教师也失去了往日学生的尊重。当然，这并不是说教师就应该乐守清贫，教师也是人，也要养家糊口，也想过得安逸舒适，这没有错。但我以为至少不能完全背离教师这个职业中对学生关爱的前提，至少不能以欺骗学生作为代价。像今天有些教师为了赚钱上课不讲重要的，把相关知识留在课后辅导，这种做法无须谈对学生的关爱，甚至连起码的做人品性都值得怀疑。教

[1] 斯霞：《斯霞教育文集》，南京：江苏教育出版社，1986 年，第 164-236 页。

师对学生的关爱更多的是来源于一种使命感和热情，来源于一种高尚的品行，那些说自己因为内心的召唤而走上讲台的人，把教学作为自己终身的职业，他们明显具有更大的热情，更愿意为此全身心投入，也会更留意教学对其他人的潜在影响，并且会更愿意承担随之而来的额外职责，而不会太在意自己从事教学所做出的牺牲。教师的这种“博爱”可以传递给学生一种大爱无疆的信息，可以培养学生爱别人、爱自己的胸怀，可以在貌似冰冷的世界中体会到人间特有的温情。这样的教学也许就是时下教育主题回归生活最真实的内涵。

（2）教师风度的外在因素。如果说上述内在的教师风度往往通过教学内容或教师的精神气质完成教化的任务，那么教师风度的外在因素则更显得直观且容易体现。内在往往是潜行的、深远的，外在往往是显性的、表象的。内在通过外在而起作用，外在则是内在的具体表现，教师外在的仪表则是教师内在素质的一种外化，仪表从某个方面来说是教师影响学生的一个重要方面。《现代汉语词典》对“仪表”一词的解释为人的外表（包括容貌、姿态、风度等，指好的），那么这种外表到底有哪些要素可以对教学产生影响呢？有以下几点内容。

①教师的外貌以及外化的着装、气质和修养。我以为这种仪表不能仅仅等同于容貌，现在人们似乎一谈论外表就是外貌的美和丑，其实，外貌只是仪表的一个方面，真正的永恒的美往往来自于人们心里。像现在网上热议的广东外语外贸南国商学院教师“神仙姐姐”林雪薇，因为貌美而使得学生从不逃课的说法似乎有点只看现象不看内在之嫌。消费社会虽然更多的看重符号意义，内涵不再被重视，但教师这个特殊的职业是断不能仅仅为商品经济的符号意义所替代，它更多的还应该看重内在的气质、修养。因而，这里的仪表我们可以归纳为着装、气质外化和修养表现。教师的着装其实有时候会被别人误解为正统的象征，更有甚者认为教师不可以戴任何配饰，笔者就遇到过这样的境况，在一个小学，校长甚至规定女教师不可以戴项链，认为这个与教师的身份不符。其实这种做法未免有些过分，教师也有爱美之心，如果过高的放大教师的形象意义就等于消解了这个形象。教师的着装只要不过分暴露，不穿奇装异服，个性化一些也未必不是好事。良好的服饰会给学生带来美的享受，得体的着装也会使他人从内心产生尊重，教师如果在课堂上衣着得体大方，不仅会提高自己的信任度，也会在给学生美的愉悦的同时让学生专注课堂的教

学。当然，事物都有正反两面性，如果刻意来追求衣着，恐怕最终会捡了芝麻丢了西瓜。衣着的得体只是仪表的一个方面，更重要的可能还是外化气质和修养表现，这两个方面不是靠外貌可以弥补的。心理学上的气质主要指一个人相当稳定的个性特征，每个教师都有自己外化独特的个人气质，有开朗活泼、幽默风趣，还有严肃认真、内敛理性的，这些独特的外化气质无所谓好与坏，关键是能把热情活力、幽默魅力、创造性、新颖性融入教学之中，这样的教学才能给学生以独特的体验，才能够让他们充满想象，并激起他们坚定不移的忠诚和奉献。至于修养表现这里更多的还是指对学生的耐心。耐心是一个有风度的教师必须具备的品性，没有这样的一种风度要想走进学生的心里是非常困难的。耐心包含着宽容、理解和支持。学生毕竟是受教育者，在各个方面与教师相比毕竟不够成熟，需要教师做适当指点、教诲。从幼儿园到大学，每个孩子最终要从学校走向社会，而在学校受教育的阶段，教师的耐心和包容之心将对孩子的良好性格的培养起着重要的作用。

②教师的真诚机智的语言。教师无论是教学还是班级管理，大部分都是用语言这个交流工具来进行的。俗话说，一句话使人笑，一句话使人跳，好的语言会给人如沐春风之感，而不好的语言却像三九寒风，寒冷刺骨。教师应该是语言大师，他的语言充满真诚、理解、幽默、机智。在米奇·阿尔本最畅销的书《相约星期二》中有这样的一段描述：

那儿只有大约12名学生，他们翻出笔记本和课程提纲……我告诉自己，要想在规模如此小的班级里旷课实在是太难了。也许我就不应该来上课。

“米希尔？”莫里看着学生名单问道。

我举了一下手。

“你愿意让我叫你米奇还是米切尔？”

从来没有一位老师这样问过我。我愣了一下才反应过来，看看眼前的这位老师，穿着黄色的高领毛衣和绿色的灯芯绒裤子，银发散落在他的前额，正在冲我微笑。

“米奇，”我说，“我的朋友都叫我米奇。”

“好，就叫你米奇。”莫里高兴地说，好像我们刚刚达成意向协议似的。

“还有，米奇？”

“什么事？”

“我希望有一天能成为你的朋友。”

这段回忆在阿尔本的脑海里萦绕了20年。在莫里的身体日渐衰弱的日子里，阿尔本每周二都回到课堂上，与濒临死亡的教授在一起。这门课也成为了生命课，而不是社会学课。这样的事例无疑是教师真诚语言的感召力最好的表现。语言同样还可以展现一名教师的机智。在笔者上大学期间，有一名来自美国的口语外教Dibee小姐给我们留下了深刻的印象，这位来自美国得克萨斯州的女老师，金发碧眼，相当漂亮。第一节课她刚进入教室，男生就起哄，有人就脱口说道：How beautiful you are！ I like you！试想下，如果有男学生这样对待一个中国年轻女教师，估计在当时还不是很开明的学校会引起波澜，但令我们吃惊的是Dibee小姐微笑着说道：Thank you！所有的尴尬瞬间化为乌有，大家都被她机智的语言所折服，那节课听得特别认真。所以教师的真诚、机智的语言会化解教学过程中很多尴尬的情景，会从内心深处真实地打动学生，也自然会达到最佳的教学效果。

③教师的举止。《论语》说：“其身正，不令而行，其身不正，虽令不从。”教师的身教大于言教大概就是这个意思。古人们把教师与圣人看齐，给教师的言行举止提出了很高的要求，在普通人眼里教师就是那种不苟言笑、正襟危坐之雅士，其实大可不必如此，但教师的举止在教学中也的确有它独到的作用。其实谈到现代教师教学过程中的举止大部分人都会以得体来修饰，但得体到底是什么样的状况却很少细化成具体的行为。这个当然没有错，教师课堂教学的行为举止本身就有个性化的特征，如果千人一面那还有什么意义。再说，不同的学生、不同的年龄段要求也不尽相同，如果刻意的统一则效果适得其反。所以，我以为教师教学的举止首先应该充满自己的特色，要找到适合自己的教学行为方式，可以活泼，可以洒脱，可以严谨，可以松弛。但无论什么样的个性主张都要符合教学常规，都要适合学生的成长，真正体现出团结紧张、严肃活泼。具体来看，严于律己，尊重学生是一切的基础。教师在学生中的威信很多时候是从他自身做起的，所以要求学生做到的，教师自己先做到，这样学生自然会效法。所谓“亲其师则信其道”就是这个道理。一位教师自己都缺少严谨治学的精神怎么指望他教出严格要求、刻意进取的学生？尊重

学生也是必要的保证。学生和教师除了年龄和学识的差距外，人格上是平等的，任何一个对学生产生深刻影响的良师都是在人格上懂得尊重学生的。那些所谓“严师出高徒”“棍棒底下出好生”的想法都是简单粗暴的单向性的师生关系，根本谈不上尊重、理解。所以现在提倡要“蹲下身子来教学”，这句话的内涵我的理解就是要懂得尊重学生，把他们看成是与教师平等的教学主体。

④教师的教育智慧。叶澜教授指出，教育智慧是“通过教师的实践探索，形成教师具有敏锐感受，具有敢于抓住时机，具有善于转化教育矛盾和冲突，具有吸引学生积极投入学校生活，热爱学习和创造，并愿意同教育者进行心灵对话的能力”。[1]一位语文教师在批改学生的作文时，发现一篇构思精巧、立意新颖的优秀作文，于是决定评讲朗读这篇作文。可是，教师刚把这篇作文读完，就有一位同学站起来检举这篇作文是抄袭的。此时，全班一片哗然，同学们一起把目光投向那位抄袭作文的同学，那位同学也低下了头。面对这样的突发事件，老师也一下子愣住了。紧接着，他经过短暂思考后，将话题转移到评价这篇作文好在哪里。同学们评赏结束后，老师问大家：“今天我们能欣赏到这样的好作文，应该谢谢谁呢？”这时同学们似乎一下子明白了教师的用意，一起为那位低下头的同学送去热烈的掌声。这样精彩的语言正是教师教学智慧的象征。好的教师能够利用教学过程中的点点滴滴来帮助学生进行学习。还有一位语文教师在教语法中定语这一节时，导入教学时刻意让班长去办公室拿一张报纸，班长犹豫半天说：“老师我没办法拿哦，您既没有说是什么报纸，也没有说几月几号，我无法帮您取回报纸。”这个时候，语文教师才把谜底抛出，刚才他自己的语言就没有很好地使用定语的修饰和限制功能，然后说今天就是和大家共同研究定语的这些用法的。很显然，这个拿报纸的情节是教师设计好的，但正是这样具有教学智慧的设计，直观上让学生知道了定语的作用，同时也一下子把学生的注意力引到课堂教学的内容上来。好的教学智慧是教师风度的一个重要表现，他可以很完美地处理好教学过程中的突发事件，甚至可以抓住这样的机遇生成出更好的教学内容，这样的风度是要靠教师细致观察、敏锐思考，更要靠教师综合内在外在素质，瞬时应变的能力。往往这样的一瞬间却给学生留下永恒的回忆，也把教师与众不同的风度表现得淋漓尽致（如图 3-9 所示）。

[1] 叶澜：面向 21 世纪新基础教育探究性研究结题报告。

雅斯贝尔斯曾说过："教育本身就意味着一棵树去摇动另一棵树，一朵云去推动另一朵云，一个灵魂唤醒另一个灵魂。"而教师作为其中的"一棵树""一朵云""一个灵魂"，虽然有着不同的高度、不同的形状和不同的内涵，但存在的状况自身就是一个航标灯的作用，而这个航标灯也正是以自身在大海中的风度去引导来来往往、大大小小的生命之舟。

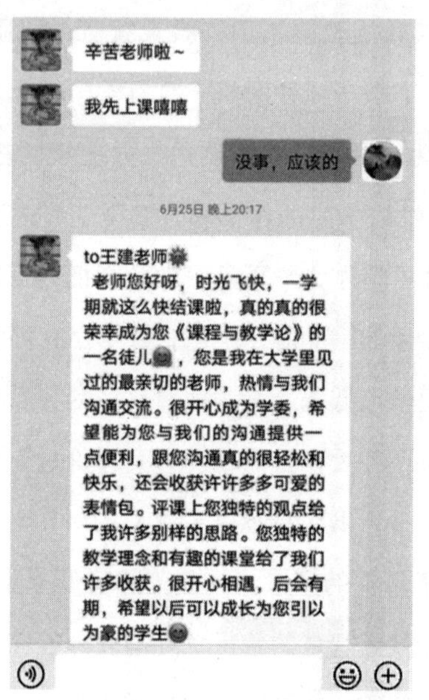

图 3-9　教学需要不断磨炼

4. 陶冶自己

（1）读书提升内涵。培根说过，读书使人明智，读诗使人聪慧，演算使人精密，哲理使人深刻，伦理学使人有修养，逻辑修辞使人善辩。中国宋代的赵恒更是把读书上升到"书中自有黄金屋，书中自有颜如玉，书中自有千钟粟，书中自有稻粱谋"的高度。读书对每一个个体都具有提升自我内涵的积极意义。但遗憾的是，当下我们读书的习惯正在发生着一些令人痛心的变化，爱读书、好读书的人群越来越少。我在网络上曾经阅读过一篇关于国人阅读的调查，根据这项调查，国人年平均读书量远远少于其他国家。2008 年，我曾在原就职的师范高等专科学校，就师范生课余文化生活做过一个调查，在"课余最频繁的活动"调查选项中，睡觉和上网分别占比 44.5% 和 30.3%，占据前两位，而读书仅占比 23.6%，排序为第三位；同时在“课余阅读书刊类型”选项调研中，文艺娱乐一类的书刊占据首位，达到48.3%。尽管当时调研仅就一所学校部分学生所做，不具有普适性，但至少从一个侧面反映出当时的学生在读书方面的一些倾向。今天，随着后现代思潮的影响，所谓“碎片化阅读”概念的蔓延，很多的学生甚至老师，不再追求纸质书的整体化细嚼慢咽，快餐式阅读一些自己感兴趣的畅销书，置经典作品于不顾，一味追求感官刺激，忽视了经典的内涵，这种现象着实让人痛心！

读书是普通人都需要长期坚持的好习惯、好态度，更何况对传承历史文化起着重要作用的教师。记得我在安徽师范大学读本科的那会儿，所有师范生在校学习都是把主要精力放在阅读之上，阅读经典成为当时的一种时尚，甚至觉得读书太少会让人瞧不起。读书其实是有一定的情趣的，真的读进去你会沉浸其中，不能自拔。我记得有次在安徽师范大学老校区物理楼自习室读书，读到兴起之处竟忘却了午饭时间，待到读完莎士比亚戏剧某一章节，已过了饭点，食堂只剩下残羹冷炙了。那个时代，大学生们都被称作天之骄子，闲暇之余，同宿舍的哥们常常围绕一个问题展开激烈讨论，没有利益牵扯，辩论中各自的情趣、内涵都得到了提升。时至今日，我还是特别留恋那一段在书本的海洋中遨游的历程，自由阅读、思维碰撞，自己的修为往往在唇枪舌剑中得以升华。

走上工作岗位，从教三十多年，感觉到读书对一名称职的人民教师是何等重要，有人曾这样比喻教师，要给学生一滴水，自己必须要有一桶水。尽管这句话在师范生认证考试试题中被认为是错误的，观点是教师不仅仅只能有一桶水，而是应该有源源不断的活水。我个人以为，这种把隐喻的判断做如此深刻的分析颇有点吹毛求疵之嫌，但教师的活水不是凭空而来的，正如朱熹所说，“问渠那得清如许，为有源头活水来”，教师的内涵源于日常的阅读，很大方面取决于阅读的方向和数量。这么多年教书育人的经验，总让我觉得，一个教师书读得多少，会对他教学的质量产生影响。没有耐得住寂寞的读书热情，没有博览群书的经历，没有坐得了冷板凳的执着，很难有纵横捭阖、驾轻就熟之潇洒。不仅如此，读书也使得每个人的境界和胸怀发生根本性变化，可以静态观赏人生，理性看待得失，自由与人相处，包容理解一切。读书拓宽了一个人的格局，让人性的光芒和人格的魅力得以彰显表现。在当今社会，需要那种读书反思的智者，尤其是担负着教育后辈的人民教师，因为他们的精神世界从某个角度来说，决定着社会的未来和希望。

（2）修身拔高境界。时代的转换、社会的变革，很多的时候人会身不由己。改革开放以来，教育这个行业也发生了翻天覆地的变化，教育的毛入学率增加，人民群众对高质量的教育追求正史无前例地影响着我们的生活。在这样的一个变革时代，很多教师迷失了自我，一切朝钱看，为了谋取一点蝇头小利，不惜降低自己的人格和尊严。记得在高中教书的那会，有些老师为了所谓的养家糊口，常常利用周末休息时间，给班上的同学“开小灶”。为了使自己的生源不断扩充，为了证明自己的辅导何等认真、有效，不惜把考试内容在自己的“小灶”班里传播，考完后还沾沾自喜说自己辅导的学生如何进步飞速。殊不知这样的做法为学生所不齿，被冠名以“财迷”的不在少数。记得当时还有班主任找到我说，要不要给你招几个学生带带家教，我笑着婉言谢绝。其实那时教师工资的确不高，这个信手拈来的外快我也想，但教师的责任和底线让我觉得不能这样做！我曾经很多次和学生说过，周末是国家的法定假日，不带学生辅导家教没什么不妥，但如果要辅导学生就不能收费，因为一旦收费就直接把教育关系转换成交换关系，瞬间教师的形象就会一落千丈，让学生觉得老师辅导他们完全为了利益。诚然，教师首先是个平凡的劳动者，也的确需要养家糊口，但你不能忽略教师是“国家公职人员”，这个概念本身就有着公益性定位，更何况千百年来，中国文化中教师都是德高望重、“身正为范”之楷模，突然之间就为利益而改变了其他人的看法，着实让人大跌眼镜。因而我觉得教育部发布中小学教师不允许有偿家教的规定还是及时雨，否则任由这种不正之风发展，就会导致师德底线的丧失、师生关系的变味。

这么多年来，我从教从来不接受有偿家教。主要原因是我觉得如果一名教师有偿给自己的学生辅导授课，本质上会让自身的人格尊严下降半截，会让学生觉得老师是个利益的追逐者。自此往后，学生再也不会觉得你所做的一切都是为着学生好，充其量是为了金钱利益。放弃了这种唯利是图的做法，让我感受最深的就是我和学生对话时充满底气，真正做到在人格平等中的对话！这大概就是所谓的“亲其师，信其道”最朴实的佐证吧。教师是需要一定的精神境界的，主要体现在看淡名誉之胸襟和知足常乐的心态。

看淡名誉之胸襟，说白了就是要以平常心对待一切荣誉，这方面对我影响最深的就是我的岳父大人。我的岳父是一个从教多年的中学校长，美其名曰是校长，可是他这个校长做得实在是“憋屈”，不搞特权，更不追求物质化的名誉。他在世的时候，我经常和他聊天，言语中也时有调侃，夸他是真正的道家掌门人。原因是他太与世无争，到离开这个世界依旧是中级职称。不是他不具备高级职称的素质水平，而是他看淡这些，把机会都给了学校的其他教师。尽管他毕业于民国时期中正大学，见多识广，但他云淡风轻的气质是普通人所翘首莫及的。人无太多的欲望就活得坦然，水利万物而不争是一个人境界高的最好体现。也许是在他潜移默化的影响下，我对名利看得也很平常。从教以来，我放弃过很多名利上的既得物，虽然也许很多人都觉得这种做法有点傻，但现在想起来我依旧觉得值得！在中学我主动放弃了学校团委书记的职务；在大学我放弃过“三育人”先进个人，放弃过教学考核优秀，不是我不求上进，我的初衷其实很简单，就是让适合的人干适合的事，给年轻人更多的机会。有的时候我常想，人活着是要有一点精神的，只有精神生活丰富了，人才不会变得粗俗、世故。而所有精神境界的来源就是做好自己，修身养性。

（3）锻炼促成体魄。人的一生是在学习、工作、家庭各种繁杂事务中一步步走过的。对于普通人来说，价值取向不一样，人就会有不同的价值追求，有人认为金钱最重要，有人认为名誉最重要，或许还有人认为其他的东西最重要。但对于一名教师，我觉得身体健康、体质强壮才是发展的硬道理。看过一则网络至理名言说“健康是 1，其他都是 0，没有了健康，一切都变成了 0”。这充分体现了人的一辈子健康的重要性。健康对所有的人都是基础，显而易见对教师也是如此。

曾经同事聊起这个话题，他说金钱最重要，有了钱再保养，健康就不会差，而且钱多了可以留给孩子啊。我笑了笑没有回答。我不回答的主要原因是我觉得他的思维逻辑有些混乱。你想，如果只知道拼命赚钱，期待将来用赚的钱换取健康，我觉得基本上行不通。其一是如果一味赚钱而忽视当下身体健康，待出现问题，基本上也就不具备继续赚钱的能力了；其二是纵然是依照这位仁兄的想法，赚到了足够的钱，再回头来要健康确实可行，那么身体的本身机能也不会因为有了钱和好的呵护就会长命百岁，毕竟人的寿命本来就是有限的。所以正确的逻辑应该是首先要健康，这样才有工作、学习甚至赚钱的基础，没有这个基础，一切都是海市蜃楼而已。如果用健康的身体来交换金钱乃至物质，应该是不太聪慧的做法。新冠疫情来临之后，周围很多同事都开始思考健康的重要性，那么健康的体魄来源于何处？我觉得很大程度上来源于我们的日常锻炼。

日常锻炼的方式多种多样，如跑步、打球、游泳等，但体能消耗过大的运动已经不太适合我这个年纪的人了。所以偶尔会打打乒乓球、散散步什么的。或许是因为我从小就喜欢运动，我对运动几乎没有抵抗力。高中、大学、研究生都是学校乃至学院篮球代表队成员，乒乓球也玩得尚可。年轻时短跑也从来不落在别人之后。总体来说，运动带给我很多的活力和健康的体魄，个人以为长期坚持锻炼至少对我有以下帮助：

（1）运动使我心胸开阔，学习工作效率提升。教师这个行业其实外行不一定知道它的辛苦。很多人都说，教师多舒服，还有寒、暑假，太幸福了！其实教师工作没有想象得那么轻松，尤其是在学校变革的当下，教师职业面临着各种各样的挑战。就拿寒、暑假来说，很多人羡慕这么长的假期，但真正拿来休息的时间却屈指可数。无论中学还是大学教师都要面临着各色各样的假期培训。除此之外，寒、暑假你还得准备好下学期课程教学要求，提前备两周的课，高校教师还要有科研任务压力，能真正休闲的时间所剩无几。紧张忙碌的工作容易使教师身心疲惫，这时候适当的运动可以帮助教师们消除工作压力，带来愉快的心情。压力释放了，心情愉快了，工作效率自然就会倍增。记得 2005 年左右，我在安徽马鞍山师范专科学校任教，那是个刚升格成功的学校，课程任务重，学校教师少，每个教师每周 16—18 节课是很普遍的，还有学生毕业实习、论文综合指导。每天都是起早贪黑，忙忙碌碌。就是在这样大的工作压力之下，我还是坚持每周和球友们打 2—3 场篮球，通过运动，解除了我日常工作中的疲劳和纠结，第二天照样以轻松愉悦的心情迎接新的挑战。此所谓，磨刀不误砍柴工，适度的锻炼不仅没有浪费时间，相反改变了人的心境，对工作更具热情，效率自然提升。

（2）运动强化自身体魄，懂得合作重要性。一个人没有一个好身体，想要在当今竞争激烈的社会生活中站得住、立得稳是很难实现的。除了强身健体，我个人觉得运动还会给人带来一些宝贵的品质。我个人比较喜爱篮球运动，年轻时，经常和球友一起切磋篮球技艺。篮球这项运动我觉得最大的好处就是让人学会了合作精神。一个队 5 名队员，从中锋、前锋到后卫，必须互相协作，才可以形成真正意义上的团队篮球，也可以在日后的各种比赛中走得更远。篮球的这种合作精神其实对教师的成长甚至于人的成长都具有重要的意义。年轻教师的成长很大程度上依赖于传、帮、带的合作，从老教师的角度，他需要有乐于奉献、甘做人梯的合作意识，乐于和青年教师分享自己的学习工作经验，毫无保留地把自己的教育、教学经验传递给年轻人。

从教三十多年，我带过好几个年轻教师，每一次和他们交往，我都本着尊重他人的前提，不摆老资格，真诚和他们聊天，热情为他们服务。我所带的年轻教师，大部分都积极努力学习、工作，一段时间下来，很多的年轻人都在教师的继续学习中取得了长足的进步，拿到了硕士乃至博士学位，现在他们中的很多人都成为他们所在单位的业务骨干。我也乐见其成，从他们那里学到了很多年轻一代的新思想，保持自己生命之树常青的心态；对于年轻人，他们也需要谦虚谨慎、乐于请教的作风，真心地向年长教师寻求教育教学中遇到的问题及解决问题的策略，不能心高气傲、我行我素。合作意识的高低从某个角度来说，决定了一个人的胸襟和气度，没有谦虚谨慎、戒骄戒躁的心态，没有真诚乐观、豁达的诚意，这样的合作也只能是徒有表象，没有实际的效果。在我从教三十多年里，我也曾作为年轻教师被自己的师傅们带过，我要特别感谢南京师范大学李如密教授，他对年轻人或者是学生的帮扶可以说到了极致，他的教书育人之形象深深地印刻在我的脑海里，使我不敢有丝毫的倦怠，因为每当我有那么一点倦怠之意、烦闷之情，先生的形象就闪现在眼前，让我感到羞愧。我想，也许这就是老教授合作精神的最好的效果吧。

（3）运动锻炼了自己的意志力，提升应变能力。人生中不可能一帆风顺，会有很多意料之外的困难出现，遇到障碍阻力不可怕，关键是要有克服这些困难的意志和解决难题的措施。我自己的运动经历告诉我，坚持运动对于提升个人的意志有着非常重要的功效，而意志力的提升又会反过来助力自己的学习和工作，提升学习工作的效率。我清楚记得，最初考研的那段时间里，我要一边工作，一边学习，每天有近 9 个小时在书本上，从早晨 5 点起床背英语单词，到晚上 11 点休息，没有坚强的意志去坚持，估计很难持之以恒。做博士论文期间，更是一种枕戈待旦的艰难

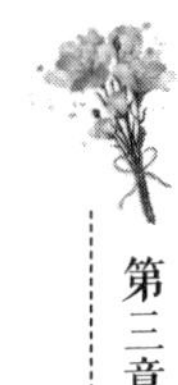

历程，熬夜成为家常便饭。有的时候的确有精疲力竭之感，但每每这个关键节点，意志力都鼓励我坚持到底，曙光就在前边。这些人生的关键时期，加上各种困难阻碍，不管怎样的繁忙和艰辛，我都要坚持每周傍晚 5—7 点和球友们打上一场篮球，出完汗回家继续解决实际问题。我要感谢运动给我带来的体力和意志，是它促成了我迎难而上，最终战胜了一切困难险阻。

当然，光靠意志还不够，人生中各种困难障碍通常解决的最佳途径只有一种，而找到这些对症下药的最佳途径的方法就要有较好的应变能力。运动至少也给了我们借鉴的案例。比如，乒乓球运动在中国几乎家喻户晓，它除了能锻炼人的眼睛和体能外，还可以帮助人们在对抗的过程中寻求最佳的策略和方法。比如，乒乓球发、接发过程的随机应变、对抗过程中球的路线的变化以及临场性的判断改变等，都需要球员根据不同的对手做必要的应变策略，往往都是先于变化的球手占据上风，赢得比赛也自然成为常理。教师的工作面对的是个性不同的人，很多的时候需要教师做出临场性的策略选择，这与乒乓球比赛的应变有着相同的属性。同样的教学内容选择不同的设计方法、不同的学生采取不同的教育方式、突发性的课堂教学时间变通的处理，这些都需要教师养成良好的应变素质和能力，而这，或许就是我们教育学中所说的教学机智吧。

（4）旅行开拓视野。人处理日常工作、学习之余，还需要学会放松心情，增长见识。这既有利于消除日常工作者的疲惫，也有助于我们开拓视野，丰富内涵。每年寒、暑假，教师除了完成必要的培训和备课任务之外，应该还有一点放松愉悦的时间，消磨这些时间最好的方式就是旅行，当然读书与休息也是一种放松的方式，因人而异，不必求同。我假期通常都会留一周去旅行，数十年下来，虽谈不上游历名山大川，但旅行的经历却让我收获颇多。就拿畅游九华山来说吧，我不仅感受到李白所说的“昔在九江上，遥望九华峰，天河挂绿水，秀出九芙蓉”的佛国仙城，也知道了九华山的由来、金乔觉的修行、化城寺的血经、百岁宫的无瑕等，平添了几分对佛教文化的理解和感悟，在佛教文化的熏陶下，更多地增添了对善的理解和对佛教文化的敬意。

旅行对每个处于快节奏生活的现代人都有着重要的意义，如果说肉体的旅行帮人消除了工作的疲劳，那么精神的旅行（读书）则提高了人的眼光和境界，显得更有意义。从教以来，最大的嗜好就是闲暇之余，漫步于自己喜欢的书的海洋中。有时候，合上书本，静听音乐何尝不是一件令人陶醉的生活境地。那个时刻，一切的繁复处于静止，尘嚣世俗都远离你的思绪，唯一剩下的就是和伟大的哲人先驱们对话，品味他们的思想，走进他们的世界。这样的精神旅行能让你精神升华，看见世间很多别人看不见的东西。对于一个教师而言，读书是内涵提升的最佳途径，没有“读书破万卷”的经历，很难做到驾轻就熟，融会贯通。更奢谈精骛八极、心游万仞。现在有些年轻人不太喜欢阅读大部头经典，更喜好快餐式阅读，读一些见效快、时代感强的小作品。我不是要否定这些作品，但真正要遨游书的海洋，我还是提倡阅读那些流传下来，至今还有无限生命力的作品，它们能经受时代的变迁，保持亘古不变的吸引力，本身就是价值所在。

（五）信息技术能力

互联网时代的到来，信息激增，有人把当下比作“信息爆炸”的社会，其实是有一定道理的。海量信息充斥着我们的学习和生活，这里边有的信息是有效且准确的，还有的信息或多或少有着这样那样的问题。如何判断信息、选择信息，并最终有效地利用信息就成为我们必修的一门课程。

作为一名教师，以往“一本教材、一支粉笔、一本教案”打天下的时代已经一去不复返了，工作学习中都离不开信息的查找、筛选、利用。从国外来看，美国国际教育技术协会自 2008 年颁布国家教师教育技术标准，又于 2017 年重新颁布新版国家教师教育技术标准，凸显了对现代教师信息化水平的重视。我国也于 2004 年正式颁布《中小学教师教育技术能力标准》，这是我国第一个教师专业信息化水平标准。随后在 2019 年 4 月，教育部发布《关于实施全国中小学教师信息技术应用能力提升工程 2.0 的意见》，着力推动中小学教师提升信息技术应用能力。总体目标到 2022 年构建以校为本、基于课堂、应用驱动、注重创新、精准测评的教师信息素养发展新机制。[1] 目前，我国的教育信息化已经达到一个新阶段，教育信息网

---

[1] 教育部：《关于实施全国中小学教师信息技术应用能力提升工程 2.0 的意见》，中教育报，2019 年第 4 期。

络基础设施建设、信息高速公路已经建成，中国教育与科研计算机网、各种远程教育网络启用、中小学“校校通”工程、远程教育建设工程和“数字校园”建设工程的实施，为教育信息化提供了重要的基础。[1]由此也带动教育教学改变了传统的模式，对教师的教育理念、教学方式、教学方法和学生学习行为、学习方式产生了巨大冲击，并对教师的信息素养提出了新的要求。

21 世纪学校教育的核心目的是，通过教会学生学习从而促进学生的批判性思维、复杂问题解决能力、合作能力，以及信息技术能力等综合素质全面发展。在“互联网 +”时代，教师需要充分利用信息技术的优势和契机，促进学生学习和发展。教师的作用主要体现在，为学习者提供丰富的学习资源和众多信息渠道，组织和指导学生去利用多种媒体资源进行有效学习。具体来说，教师要将教学内容进行信息化处理，使它成为学生的学习资源，引导学生利用信息技术进行知识重构。同时，教师还要提供包括人际交流和基于媒体的双向通信各类支持服务，为学生学习和发展搭建丰富的信息化环境。因此，在“互联网 +”时代，如果教师缺乏必要的信息素养和能力，就无法有效面对教育创新和学生学习方式变化所带来的挑战。这里我想重点就教师信息筛选能力和教师运用信息技术转变教学方式能力做一些阐述。

（1）信息筛选能力。信息筛选能力主要是指教师能够根据自己的需要，充分利用现代化信息传播工具，获取所需要的教育教学信息能力。互联网上的信息是海量的，但这些信息又是零散、不系统的。在纷杂的信息中，教师应当充分利用搜索引擎查阅信息。教师要利用互联网资源实现教学的有效组织和管理，可以按照教育目的的不同，把各种教学内容组织为一个有机的整体，也可以按教学内容的要求，把包含不同教学特征的各种教学资料组成一个有机的整体。甚至还可以按照学生的知识水平，把相关学科的基础知识和拓展知识有机整合。疫情防控期间，很多高校被迫采取线上教学的模式，面对新的教学平台，如何整合海量的学科教学资源，就需要教师有足够的信息筛选能力。选择什么样的教学资源、如何利用平台上传合适的教学资料，以及整合有用且高效的教学方案，都需要慎重考虑，在教学之前就要做

---

[1] 孙汉群：《教育信息化与教师信息素养》，中国教育信息化，2011 年第 12 期。

好适度筛选和比较。从某个方面来说，信息筛选能力乃是一名教师利用网络现代化教学方式，合理有效地完成教学任务的必备能力。

（2）运用信息技术转变教学方式能力。作为一名老教师，要跟得上时代，要找到切合现代学生喜爱且有效的教学方式，就离不开信息技术。疫情防控期间，我是第一次利用学习通给学生进行线上教学。虽然之前学校特别安排教师参加学习通网络教学平台培训，但疫情发生之前都是觉得用线上教学模式的可能性极小。疫情发生后，本着停课不停学的精神，作为教师不得不利用线上教学平台来完成自己的教学任务。一般来说，老教师接受新事物的能力比年轻教师弱一些，起初被动地采取这种线上教学平台，些许都有一些抵触。后来经过一学期的线上教学实践后，我居然喜欢上这样的一个平台，而且在此期间，我还学会了 QQ 课堂、腾讯会议等很多线上教学平台的操作。到现在重回线下教学，我还会采取线下线上相结合的教学模式，与学生交流沟通更加顺畅，教学互动性更有所加强。

这里我想说一个发生在自己身上的真实案例。疫情发生后，因为全国上下很多学校都在学习通上进行线上教学，以至学习通有时会因为线上人数过多出现网络视频教学和线上传输速度困难的情况。面对现实问题，作为教师必须采取应变措施，改换网络教学平台来顺应教学的要求，这个时候，QQ 课堂成为我的首选。起初我对 QQ 课堂完全是陌生的，基本采取的就是教师面对面的视频教学，对上传 PPT 并运用 PPT 教学基本不知晓。记得教科院有位年轻教师表示要在线听我的课学习，我接受了她的请求并愉快地通知她线上教学的时间。待听完课后我认真和她交流，她建议我上传 PPT 并运用 PPT 视频教学效果也许会更好。我坦率告知她自己不会在 QQ 课堂上传 PPT，她一听，简单直白地教会我上传 PPT 的方法。在这位年轻教师的指导下，我很快学会了 QQ 课堂上传 PPT 教学课件的方法，随后的线上教学效果倍增，解决了之前完全隔空视频对话，学生上课现场无法感知 PPT 内容的困境，与学生课堂交流也显得更为顺畅。当然，后期指导学生线上答辩我又学会了腾讯会议。这些运用信息技术转变教学方式的变化，不仅改变了疫情防控期间师生无法线下教学的困境，也让我这个从教三十多年的老教师，感受到信息技术给教学带来的方便快捷和有效，在接受这些新的信息技术支撑的教学方式的同时，我也颇感收获多多，至少我觉得，线上教学的新模式可以和传统的线下教学取长补短，更好地提

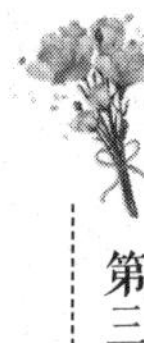

升教学质量。

（六）创新能力

随着知识经济的发展以及全球化、信息化社会的到来，社会的发展对人才的能力要求不断提高。在此基础上，世界各国都在思考如何培养适应未来社会的人才，其核心素养要素大都包含两个：批判性思考和创造力。诸如欧盟终身学习的核心素养“数字化素养”包含的个人能充满自信并采取批判性的态度，去使用信息社会的各种技术，以及“主动与创新意识”中的将思想转化为行动的能力，包括创造性、创新和冒险精神，以及基于目标的项目计划与管理能力；美国 21 世纪核心素养目标更是提出从 3R 到 4C，以超越传统的读、写、算基本素养，在强调交流、合作的同时，明确指出批判性思考（以新的方式来看待问题，跨越学科联结学习）与创造力（尝试以新的方式来做事、创造与发明）的重要性；日本“教育课程编制基础研究”项目组提出了日本人必须具备的“能在 21 世纪生存下去”的 21 世纪生存能力，其中的思维能力中除了提出发现解决问题能力、逻辑思维能力、元认知、适应力以外，也重点强调了批判思维能力与创造力。除了上述国家和组织以外，其他如法国、英国、新加坡等国，也在自身的核心素养框架中提到了反思能力与创新意识。[1]显然，批判性思维与创新思维正在成为 21 世纪全球核心素养理论背景下的核心要素。

无独有偶，2014 年 3 月我国出台了《教育部关于全面深化课程改革 落实立德树人根本任务的意见》，明确提出要加强学生发展核心素养体系研究。2016 年 9 月，中国学生发展核心素养研究成果在北师大举行发布会，明确中国学生发展核心素养总体框架。在六大素养并十八个要点中，批判质疑（具有问题意识；能独立思考、独立判断；思维缜密，能多角度、辩证地分析问题，做出选择和决定）与勇于探究（具有好奇心和想象力；能不畏困难，有坚持不懈的探索精神；能大胆尝试，积极寻求有效的问题解决方法）被列入其中。著名学者褚宏启更是将“创新能力”“批判性思维”摆在 21 世纪“新六艺”的前两位。

[1] 林崇德：《21 世纪学生发展核心素养研究》，北京：北京师范大学出版集团，2016 年。

创造性思维的核心要素就是创新，打破人们常有的思维定式。按照心理学理论，思维定式是指先前的思维活动，对后续思维活动所造成的特殊心理准备或反应倾向。在长期思维实践中，每个人都会不自觉地形成自己所惯用的、格式化的思考模式，面临问题时，也会不假思索地把它们纳入特定的思维框架中，形成无形的框架制约。思维定式成为创造性思维的最大障碍。美国 E.M. 罗杰斯在《创新的扩散》中指出，个人对创新做出决策并不是一瞬间的行为，它是在一段时间内发生的一系列的行为和动作。在创新认知阶段，“选择性认知”非常重要，即创新者会主动寻找有关创新的信息，并确定哪些信息是可信的，同时进一步决定如何诠释手中的这些信息。而这些过程都离不开假设性、反思思考以及规划未来的能力，更是对自我认知的再认知。可以这么说，创新思维的整个过程贯穿着元认知的反思。

从思维者这一角度来看，无论是批判性思维还是创造性思维，都包含了思维者一定的人格特质。大体可以归纳为兴趣内驱力、自主独立意识和开放自信心态。

（1）兴趣内驱力。戴维·希契柯克在《批判性思维教育理念》一文中指出批判性思维过程包括确定分析问题、澄清意义、收集证据、评估证据、推断结论、考察相关信息和做出综合判断。而兴趣内驱力通常也称为内部动机，指的是个体在完成任务时，卷入程度更高，会付出更多的认知努力、且较少受到外界条件的干扰。批判性思维和创造性思维都涉及问题解决，从本质上都属于一种“再发现”的认知活动，都是通过积极的思维活动获得认识上的拓展、更新。解决问题的关键是先要发现有价值的问题，而要发现有价值的问题，思维者如若对此没有解决该问题的内部动机（兴趣内驱力），是很难想象寻求到有价值的问题的。而一旦有了求知的兴趣的渴望，心灵就会有所作为。有了这种动机的内驱力，人的大脑皮层就会处于一种一般觉醒状态，提高大脑的兴奋性和感受性，并实现对行为的自我调节。无论是批判中的反思还是创造性中的新颖，都离不开思维者人格中的内在动机驱力。

（2）自主独立意识。自主独立意识也是两种思维必备的要素。人区别于其他动物是因为人的独立思维能力，并依此形成独立的人格。独立的人格其核心就是自由的个性、自由的意志，是个体自主性及主体地位的张扬和体现。批判性思维和创造性思维本质上都是思维者站在主体性这一高度，反思和发现当下问题的解决，发现更加合理且理性的解决问题的方法。没有自主独立意识，就很容易人云亦云，步入趋同思维的窠穴，而上述两种思维的反思和创新都和趋同思维相背离。

（3）开放自信心态。开放自信的心态也是批判性思维和创新思维不可或缺的人格要素。批判性思维的分析问题、澄清意义、收集证据、评估证据、推断结论、考察相关信息和做出综合判断首先是建立在自我确信有新的更好地解决问题的方法基础之上的，没有这份自信就谈不上批判反思。同时，收集证据、考察信息、综合判断也要有开放的心态，不能完全局限于自己的思考空间，可以通过详细分析材料来达到理性的反省，得出合理的解释。没有对前人对相关问题开放性的研究心态，也不可能达到理性的思考。创新思维更是一个自信开放的思考过程。创新必须要自信认为自己有比当下更好地解决问题的方法，并且，它的新颖性虽然来源于顿悟，但绝对不是凭空而来的，它也是建立在开放包容地对自己即将创新领域内所有既往的方法做出思考的基础之上的。因而，创新来源于自信开放地去拓展自己的思维空间。

第四章
国际视野

一、课程建设

1. 韩国经验

我曾在 2014 年去韩国大田市又松大学公派交流教学一学年，当初我所在的学校和韩国又松大学有合作关系，加之我的博士毕业论文要做一些有关国外高中的调研，时任校长的孙良先生还是把这个机会给了我。在韩国又松大学一年的工作学习，虽然远离故土、思念家乡和亲人，但收获却是满满的。

我们经常说我们的高等教育在改革开放后取得了惊人的进步，高等学校毛入学率达到了多少多少，却很少有人思考我们高等教育的内涵与国外高等教育到底有没有差距，或者说无论是课程建设还是培养方式是不是有借鉴国外经验的必要。我在又松大学工作、学习一年，印象最深的就是该校的国际化办学，无论是商学院全英文授课还是大量聘请各国外教，可以说又松大学都是走在前列的。这里我想就又松大学大学生职业技能课程设置方案来探讨一下国际经验的借鉴和比较。

仅以韩国又松大学酒店观光专业课程设置为例，韩国又松大学课程体系是如何围绕大学生职业技能核心素养来构建大学生的三项基本技能。

（1）基本技能。围绕读、写、算基本能力并结合酒店观光专业特点，在课程设置方面，又松大学对该专业开设的课程充分显示了该专业学生基本技能特点。读、写基本技能主要表现在语言学习方面，又松大学充分考虑到该专业的自身特色，除母语以外，开设了三种不同的语言，概括起来为英语、汉语和日语。按照语言学习的规律，每个学期都安排了相应的课程，课程循序渐进，彰显读、写特色。比如，第一学期开设的课程包括读写课程阅读和讨论、基础英语阅读、基础汉语、基础日语，其中寒假小学期（又松大学寒、暑假都有近 2 周的学习）还重点开设综合英语能力、基础英语阅读、酒店客房咨询科目；第二学期开设中级英语阅读、初级汉语及汉语会话、初级日语及日语会话，小学期开设酒店服务英语；第三学期开设中级英语、汉语及日语会话课程；第四学期开设高级汉语及日语会话、面试英语、酒店观光汉语。小学期开设英语会话、酒店服务英语。可以看出，韩国又松大学在基本技能学习方面，从酒店观光专业的特色出发，围绕读、写基本技能，有层次、有步骤地强调口头语言及书面语言的结合。除此之外，在基本技能“算”这一方面，该校重点把相关课程放在最后一年，开设的科目主要有酒店观光会计原理、旅行商品计划管理、机票发行事务以及国际会议计划管理等。这些技能的学习，将有助于学生掌握母语及相关外国语运用，了解酒店观光行业的基本服务内容和方法，这样培养出来的学生自然很受业界欢迎。

（2）职业技能。围绕酒店观光专业特色，又松大学还开设了一系列职业技能特色课程。比如，第一学期开设观光学概论、礼仪服务、经营学概论，小学期开设外食商业经营论；第二学期开设观光法规、海外实习特讲、海外实习、TOEIC（托业）、酒店管理、酒店客房咨询论、餐饮经营论，小学期开设经营者业务论；第三学期开设观光资源论、红酒、观光教育论，小学期开设饮料咖啡的理解；第四学期开设航空公司经营论、国际会议承办（会展产业论）、促销活动和庆典规划管理实务、融合和符合工程、创新性综合、观光逻辑论述、酒店观光人力资源管理论，小学期开设酒店观光特讲；第五学期开设酒店观光市场营销战略、酒店服务员资格考察、航空预约服务、赌场产业论、酒店观光事例研究、酒店观光经营战略、酒店观光现场研究、实战 TOEIC 等。这些课程开设紧紧围绕酒店观光的专业特色，从理论和实践两个层面培养学生的职业技能，不仅使学生学习了必要的专业理论知识，同时，通过海外实习，更进一步加强了酒店管理、客房、餐饮、人力资源等各方面的实践能力，有了这些实践的锻炼，该专业的学生毕业走向社会就无需再经过相关企业的培训，直接可以胜任一些酒店的服务专业工作，上手时间大大缩短。

（3）转移技能。至于可转移技能，韩国又松大学酒店观光专业开设的课程也有不同的体现。诸如国际会议承办（会展产业论）、促销活动和庆典规划管理实务、融合和符合工程、创新性综合、赌场产业论等，这些课程可以看作是酒店观光专业的延伸，它们既锻炼了该专业学生的组织策划能力，同时，也为了日后该专业的学生能面对市场和企业的需求，及时转换专业工作，适应会展、促销、庆典及博彩业的工作需求。

2. 国内优势

基于韩国又松大学酒店观光专业职业技能核心素养课程设置理念，参照我国相应大学生职业教育核心素养相关要求，我们可以借鉴韩国的先进理念并树立自己的优势。

（1）在基本技能这一方面，韩国比较注重大学生读、写、算基本能力的培养。不仅如此，有关基本技能开设的核心课程都紧紧围绕该专业的特点，力求做到使所学的基本技能切合专业的特色。这样做的目的，无非是想培养出来的学生走向社会能有较好的适应性。比如，就读、写而言，又松大学所开设的英语、日语、汉语课程不仅分层级按学期进行合理的安排，同时也特别注重会话、服务等酒店专业语言的特点，几乎学生在校的每个学期都安排了这方面的语言训练。掌握了这几种语言的会话和阅读能力，便于毕业的学生在面对韩国现有的观光旅游客源上有服务优势，也很好地满足了相关合作酒店的需求。当然，“算”的基本技能也受到合理的重视。诸如酒店观光会计原理、机票发行事务等课程，明确了酒店观光经费核算及机票订购等相关事宜，培养了本专业学生的经济结算能力。

相较国外大学，由于过分地看重订单式培养模式，加之尤其强调工学结合、实践教学，大学生对相关基础学科及技能的关注度逐步减弱，读、写技能基本上没有引起足够的重视。比如，国内大学语文课程有些专业基本不开设，本来招进来的学生高中基础就很薄弱，几年的学习又放弃了母语的训练，致使学生的母语水平确实不敢恭维。至于英语学习那就更不用说，现在的大学生英语学习直接降低要求，专科院校学生只要求通过国家的英语 B 级考试就可以达标，而这个所谓的 B 级考试其实没有什么难度，甚至和高中英语学习程度相差无几，根本不能和本科阶段学习的大学英语四级相提并论。试想，一个开放、国际化的社会，一个大学毕业生连基本的英语交际都很困难，还怎么走向社会、走向国际？有关“算”的基本能力虽不是每个专业都必需，但和每个专业都有着密切的联系。商品经济社会离不开经济这个杠杆，企业有关成本、资源都需要有算的能力，纵然是大学师范专业，也离不开“算”这一基础。比如，现在小学教育专业提出全科型教师，那么小学教育专业的学生毕业后不懂数学，怎么能担当全科型教师的重任？所以，读、写、算基本技能的培育必须要引起重视，不是什么都言必称创新，创新是建立在一定基础之上的，没有扎实的基本技能学习，创新从何谈起？韩国又松大学有关基本技能核心素养课程开设，给我们也提供了一些好的理念，如可以把这些基本技能的相关课程与各个专业特点相结合，真正把这些基本技能的课程融入学生专业学习和实践中去，这样，既避免了学生枯燥、单一的学习读、写、算基本能力，也有助于学生专业能力的提升。当下，在大学教育普遍轻视基本技能培育前提下，我们有理由借鉴韩国的先进经验，从源头上提升学生的素质，培养合格的人才。

（2）在提供职业技能训练平台的基础上，努力提升学生的职业道德。国内高校在工学结合、实践教学理念倡导下，大多都建立了自己的实训、实习基地，但真正能利用好这些实习、实训基地，提升学生职业技能的学校其实不多，很多都只是流于形式，没有精细化地做好专业学习教学与技能培训相结合的工作。反观韩国又松大学在职业技能课程设置上除必要的理论学习以外（诸如观光学概论、经营学概论、观光法规、观光人力资源管理、外食商业经营等），更重要的是把握本专业的特点，开设实践性强且切合本专业发展的实践教学课程（诸如礼仪服务、客房咨询、餐饮经营、航空经营、会议承办、海外实习、实战 TOEFIC 观光事例、赌场产业等）。这些实践课程不仅有利于培养本专业学生的职业技能，同时，在实践课程设计上也牢牢把握了酒店经营的现实情况，尤其在职业技能的延伸方面更值得我们借鉴，可以这么说，韩国又松大学酒店观光专业毕业学生，不仅能胜任一般酒店的管理，还可以兼顾客房、餐饮、博彩、咨询等各个方面的工作。

当然，国内的高等教育在职业技能培养方面也有自身的优点，如国内在学生职业道德、身心素质等方面，开设的课程明显优于韩国又松大学。国内大部分高职院校都开设大学生思想品德、大学生身心健康教育课程，这些课程培育了大学生诚实守信、品德优良、爱岗敬业的优秀职业道德，同时也帮助学生形成了情绪健康、情绪管理、阳光自信的身心素质，有利于大学生从学校走向社会。

（3）拓展学生可转移技能形成。所谓可转移技能指的是，找到工作和保持工作，需要可以转移和适应不同工作需求及环境的多种技能。前文已经阐述，韩国又松大学在专业拓展课程建设方面很值得我们借鉴，酒店观光专业学生不仅满足于本专业的理论和实践教学需要，更是从多方面考虑酒店观光专业的特点，把学生专业技能培训拓展至客房、餐饮、博彩、咨询、管理等各个方面，在做到“一专”的基础之上，力求做到“多能”。同时，其开设的国际会议承办（会展产业论）、促销活动和庆典规划管理实务、融合和符合工程、创新性综合等相关课程，不仅锻炼了该专业学生的组织策划能力，也为以后该专业的学生能面对市场和企业的需求，及时转换专业工作创造了条件。当然，国内的大学也在创新创业课程建设方面做了许多工作，很多学校建立了孵化基地，协助学生创新创业，国家也建立了小额贷款机制，鼓励学生创新创业。但需要指出的是，可转移技能的形成并不完全取决于资金、基地的支持，更重要的是学生所具备的创新创业的知识迁移能力。

大学生职业技能教育作为高等教育的一部分，有着高等教育的共性，诸如为社会培养合格的专业人才、完善大学生人格素养等，但其自身也有着自己的特点，它不单单是培养简单的操作工，而是要培养高技能和高素质劳动者。在当下国内外倡导学生核心素养培育的大趋势下，大学职业技能教育在课程设置上尤其要考虑到大学生专业特色，因势利导地合理构建有关学生的职业技能教育核心素养的课程。

二、包容文化

塞谬尔·亨廷顿在《文明的冲突》一书中说道：“各民族的文化既相互作用又相互重合，各种文明的文化彼此相似或相异的程度也发生着相当大的变化。”[1]韩国历史上属于东亚文化圈，受中国儒家文化影响颇为深远，这一点可以从韩国文字的词源中窥见一斑，据说韩语中百分之六十的词汇来源于汉语。其文化习俗中很多都与中国相近或相同。比如，韩国也会有中秋节乃至春节，这两个节日在韩国也是很重要的节日，此外，韩国人的家庭观念也和中国人一样，看得很重要。但随着时间的推移，韩国的校园文化也有许多和我们不太一致的元素，对于这些相异的元素，我们需要的是一种包容精神。我理解的包容其实就是容纳和接受，毕竟国家不同，教育制度相异，有些可以理解和接纳的我们就要有宽容之心，允许别人不一样本身就是一种大度和宽容的体现。

---

[1] 塞缪尔·亨廷顿：《文明的冲突》，北京：新华出版社，2017 年。

比如，韩国的大学生大都喜欢化妆，女生化妆在中国也是普遍现象，但在韩国我还真的遇见过男生化妆的。一次下课期间，和班上第一排的男生闲聊，这个男生长得比较帅气，典型的阳光精神小伙。我在聊天过程中发现他脸上似乎有着粉，就奇怪地问他是不是涂了粉。没想到后边的女生一起大声说他化妆了。我笑笑问他是不是真的，没想到这个男生毫无顾忌打开他的书包，里边居然真的有成系列的化妆品。如果在中国的话，这估计会成为全班同学的笑点，可是在韩国这个就很正常，因为韩国人非常注重外在美，无论男生还是女生重视外在美并不为过，所以我也很欣慰地接受了他的这种状态，并没有当成一回事。

还有就是韩国高校大学生没有学校统一住宿，在学校周边租住的学生非常多，韩国女生有一部分有饮酒的习惯，通常周末或者节假日男女生聚会饮酒通宵达旦。记得我在又松大学楼下租房，旁边就是一个便利店，有时候晚上凌晨 2—3 点还是能听到从楼下传来喧哗的声音。女生饮酒要是发生在国内恐怕是一件很出格的事，但在韩国校园文化中似乎也很正常，大学生作为成年人完全可以自我选择。我也曾就这个问题咨询过一些女大学生，她们说白天学习工作、考试压力大，希望通过这样的形式来解压，我竟然无言以对。总之，韩国大学生作为成年人相对自由得多，当然，这种自由也不是没有底线，至少公民的底线不能突破。

课堂教学也是如此。刚到韩国上课那会儿，我有些不太习惯，因为上课中途会有学生随时站起来走出去，过一会儿又不打招呼进入课堂。本着探究的精神，我私底下和其他同学探讨，后来才知道，这些走出去再进来的学生大多数是中途去洗手间了，韩国教育中以人为本，学生上课中需要去洗手间可以随时出入教室。试想，这要是在国内，教授估计会非常生气，一个学生这样不打招呼，随意出入课堂应该是极不尊重教师的行为，但在韩国这个现象就是正常的。

相反，我们有时候觉得正常的好的行为，韩国校园可能就会被禁止。比如，我在韩国任教那段时间里，有个韩国大学生想找我帮她辅导汉语，我爽快地答应了，并告知她每周三下午 3 点到办公室找我即可。我本来的意思是学生想学习，老师尽所能帮助她这是天经地义的事啊。可是却没曾想被韩国的教师告知这个是不允许的，因为纵然是教授不收费，但辅导学生占用了学校的场地和设施，必须经过学校的许可才行。我如梦初醒，原来资本主义私立大学是不主张奉献精神的，一切都要从利益角度出发。因为教师也是学校雇佣的人，为学生义务补课占用学校场地设施也是不被提倡允许的！那个时间我感受到社会主义祖国公立教育的优越性，那种境界和精神是资本主义无法比拟的。但既然身在异地，在人家的地盘教书，我还是包容了这样的规定，愉快地拒绝了学生的辅导要求。

以上这些因为文化观念上的差距可能带来的不适应在其他地方估计也会存在，但我想，正确的思路还是要有包容之心，理解其他国度的文化并允许别的文化与自身文化的不同。韩国的教育理念中有很多值得我们借鉴，但并不是说韩国教育中的一切都比我们先进，我个人觉得韩国教师在奉献精神和师生关系方面远远不如中国的教师。所以在韩国留学的中国留学生经过一段时间的国外学习之后，大部分都会说还是中国的教师更好。

三、双语能力

在国内执教多年，尽管很多的学校提倡双语教学，但教师的双语能力却不敢恭维。我在这里分享一个老教师的故事，兴许从中可以感受到一点学习双语的重要性。我们那一批去韩国又松大学公派交流的中国教师大概有十多位，其中有一位来自石家庄学院的朱姓老师，其时，朱老师的公子正在首尔一所高校留学，她所在的学院基于人性化管理的理念，派遣她来韩国交流教学，一方面落实两校交流的相关措施，另一方面也使得朱老师可以就近照顾一下身处异乡留学的公子。朱老师是中文系的教授，但英语功底的确随着时间推移忘却了很多，这使得她出门购物有的时候就显得很无奈。儿子一周从首尔来大田市一次，母子相聚，他的儿子基本上充当了他的随身翻译。可儿子离开了，她就要自己面对一切。有一次她和我说了发生在她身上的一个笑话。说她有一次想去超市买一些蜂蜜，可是苦于蜂蜜这个英语单词她又不会，情急之下，她想了一个绝佳的解决问题的方法，最后很愉悦地解决了问题。她解决问题的办法其实很原始，就是去超市之前先用纸张画了一只蜜蜂，然后到了超市面对售货员，用手指指画上的蜜蜂，做了一个杯子和搅拌的动作，然后作一饮而尽状。没想到韩国超市的售货员立马理解了她的意思，很快将她带至蜂蜜销

售的货架，她也如愿以偿地实现了购买蜂蜜的愿望。

起初听朱老师说这个真实的故事觉得很好笑，在赞叹她机智的同时，也深深地感到不掌握一门外国语言在国外是何等的寸步难行。那也许有人会说我不去国外，非得学习外语干吗？其实语言是人们沟通的基本工具，有的时候，甚至可以很好地展现民族的形象。我记得 20 世纪 90 年代末期，暑期我去北京参加考研辅导班，在北京坐公交车，有个外国友人不会中文，在 302 公交车上一个劲儿问怎么去秀水市场。当然他当时说的是英文，同车的乘客以及售票员没有人知道他说的啥，他自己非常着急。于是我急人之困地和售票员说他想去秀水市场。其实我也是个外省人，秀水市场其实就是秀水街。售票员听我一说，请我转告他公交车坐反了，得去对面坐 303 公交车。于是我简单地告知外国友人这个信息，又主动下车过天桥把他送上 303 公交车，送他的过程中，我也知道他来自瑞典，是来北京旅游的。没想到送他上车之际，他请我一定要问清楚车票价格，我又帮他解决了这个问题。事后我想，虽然这个瑞典人蛮精明的，但我通过语言和行为所做的一切，不也正体现了我们民族好客和乐于助人的美德吗？

所以无论身处国外还是国内，多学习一门外国语言，能进行双语交流是百利无一害的。交流只是学习一门外国语言的基本要求，作为从事科研工作的高校教师，如果连基本外文文献都看不了，那恐怕也不能是个称职的高校教师。信息化时代的到来，互联网拉近了各个民族的距离，有些国外学术期刊网站就某一学科领域前瞻性的研究当然有值得我们了解和学习的必要。这个时候，掌握一门外国语言对自己的研究可能就会有巨大的帮助，至少他可以让我知道国外研究达到了何种水平，解决了哪些问题，还有什么处于瓶颈状态的问题。这些难道对我们的科学研究不是很好的借鉴和帮助吗？所以，在全球化的今天，我个人以为双语学习还是有一定的合理性的。

四、友谊之花

在又松大学交流一年里，我和那里的学生结下了深厚的友谊，无论是哪个国度，我想，只要是人，最基本的感情还是相通的。虽然对于我来说也是第一次走出国门，感受不同文化的熏陶，但作为中华人民共和国公民和教师，我都会以中国人固有的礼仪来弘扬中国文化，展示中国人的风貌。

记得我教的班级里有个小女生，第一次上课，我要求大家自我介绍，她告知我她的中文名字是金梭罗，似乎有点佛教寓意。我开玩笑地和她说，这个名字难于记忆，我给你改一个好记好听的汉语名字。然后我就和她说你就叫“金美丽”吧。她好奇且不解地看着我问道：“美丽在汉语中是什么意思？”我会心一笑告知她，美丽就是“Flower”，于是她欣然接受了我给她起的汉语名字。她因为早上去麦当劳打工赚学费，上课会经常迟到。每每于此，我都在课后走到她身边，友善又不失严厉地说：“美丽迟到了！”她也会深表歉意地告知我，打工赚学费，有时候没办法。时间过得很快，半年的汉语课结束了，我也即将回国，临别之前，没想到金美丽还送了我一份小礼物，一张精致的卡片和两个韩国书签。虽然卡片上的汉语现在看来还显得那么稚嫩，也仅仅是寥寥几行，但简单的文字之间表达的情谊才是最为珍贵的，它承载了我们师生的友谊（如图 4-1 ~ 图 4-3 所示）。

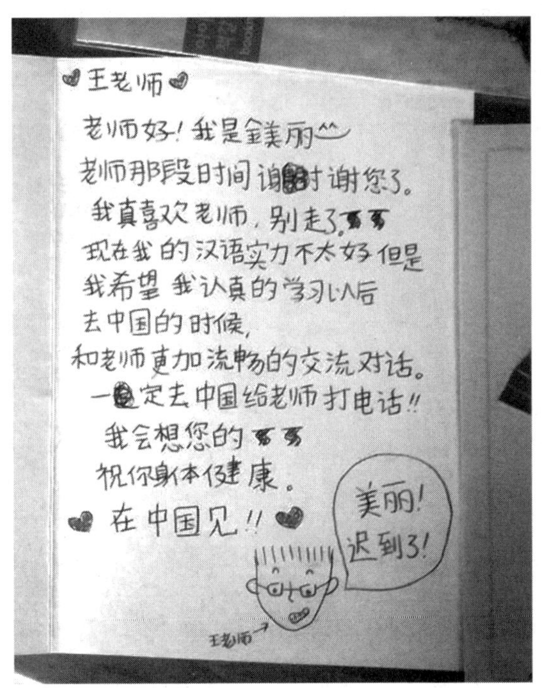

王老师

老师好！我是金美丽^^

老师那段时间谢谢您了。

我真喜欢老师，别走了

现在我的汉语实力不太好但是

我希望我认真的学习以后

去中国的时候，

和老师更加流畅的交流对话。

一定去中国给老师打电话!!

我会想您的

祝你身体健康。

在中国见!!

图 4-1　韩国学生“金美丽”临别赠卡

如今，我已回国七年多，工作单位也从安徽调入广东，虽然这位“美丽”同学也没有能来到中国，基本上和我也没有了联系，但这份师生友谊之花却依旧常青，依旧光鲜。在韩国一年期间，我与我教过的学生结下了深厚的师生之情，这份感情将留在我的记忆深处，祝愿他们一切安好！一切顺利！

图 4-2　我与我教授的韩国又松大学研究生

图 4-3　我在韩国教授的本科学生

第五章
执着前行

一、过往成绩

从教三十多年，我一直都保持着一颗赤忱的师者之心，这期间从中学教师到大学教师，虽然工作辛苦，远非局外之人所能感受，但没有改变我干一行、爱一行的决心。

这三十多年来，我一直不忘记给自己“充电”，不忘记提升自己的学历、学识。时代发展飞速，教师要胜任本职工作就要牢牢抓住学习的机会，避免被时代淘汰。我从安徽师范大学本科毕业，到攻读教育硕士，再到攻读教育学博士，虽然其间充满痛苦和挣扎，可谓是“往事不堪回首”，但求学的乐趣自然也在其中。最幸福的时光就是我在南京师范大学攻读博士那个阶段，那静谧的校园、博学的导师、论争的学伴，乃至满载历史的青石板之路，都给我留下了深刻的印象。宁海路老校区铺满青石板的上山之路，不正预示着人生求学之路的沧桑与艰难吗？最放松的时光就是晚饭后与学伴们在校园内操场上散步聊天，闲聊漫步中各种思想在碰撞中产生了火花，也许这就是求学者取长补短、相互借鉴的最佳途径；操场旁熟悉的篮球场是我和好兄弟们疲惫时出一身汗的最好战场；还有那安静祥和的图书馆，那是学伴们求知的天堂。现在每每合上书想起那些熟悉且远去的过往，想起那些挑灯夜战、互相勉励的好兄弟、好伙伴，真的有重返母校、重拾记忆的冲动。也许故地重游，时光依旧，兴许真的会有“人面不知何处去”的伤感，但这一切都不会影响南京师范大学这座神圣的学府“桃花依旧笑春风”厚重的延续。三十年“充电”求学之路，让我学会了在困境中面对人生，学会了坚强执着，感受到无论从事什么职业，都要坦然面对现实，面对挑战，只有这样，你才不至于成为落伍者。倘若时光倒流，我依旧会选择这样的路径不停挑战自我，也许这就是“上下求索”的人生必然。

回忆过往的求学及工作经历，1991 年毕业于安徽师范大学汉语言本科，2002 年安徽师范大学语文学科教学论教育硕士毕业。2015 年南京师范大学毕业，研究生学历，教育学博士，研究方向为课程教学论。2014 年被公派韩国又松大学做访问交流学者，获安徽省高等职业学校高级双师型教师（语文教育）称号。担任华南师范大学教科院兼职硕导，韩山师范学院与深圳大学合作博士后工作站推荐合作导师之一，潮州市高层次人才。做过中学团委书记、小学校长助理（挂职）、学报编辑部主任、中学班主任。曾任安徽省马鞍山市政协智库专家，安徽省语文教学法专业委员会副秘书长。广东省中小学教师职称评审专家库推荐人选，广东省教育学正高专家推荐人选。

目前主要承担本科教学工作，曾在韩国又松大学孔子学院担任研究生教学工作。执教过课程教学论、教育学、班级管理学、语文课程教学论、大学语文、古代汉语等相关课程，教学效果受到国内外学生一致好评。荣获安徽省教学成果三等奖一次、安徽省首届校园读书和创作活动三等奖一次、马鞍山市社会科学二等奖两次，荣获马鞍山市“优秀盟员”“优秀团干”称号。参加人教社全国基础教育论坛论文评比获一等奖。指导学生荣获安徽省师范生技能大赛一等奖第一名、第二名各一人次，指导韩国又松大学酒店观光系学生荣获第二届韩国又松大学汉语朗诵比赛二等奖一次。

在基础教育有十年以上的工作经历，长期从事基础教育教学和教师教育研究。参与国家社会科学基金等项目研究数十项，个人主持安徽省高校人文社会科学重点项目（《高职高专学生核心素养培育课程建设研究》编号 SK2017A0890）、主持安徽省教育规划重点项目（《普通高中特色课程建设研究》JG13008）、主持安徽省质量工程教学项目（《高职高专大学语文课程教学研究》2008jyxm661）且已结题。现主持广东省高等教育教学改革研究综合类项目一项（《核心素养视域下师范生培养课程体系构建与实践》），项目研究正在进行中。出版个人学术专著《多元选择个性发展：高中特色课程建设研究》（安徽师范大学出版社 ISBN978-7-5676-2636-2）一部，在《课程·教材·教法》《教育科学研究》等期刊上独撰且公开发表论文 20 篇，其中 CSSCI 期刊 3 篇，中文核心期刊 5 篇，3 篇被人大复印资料《教育学》《中小学教育》《中学语文教与学》全文转载。(《课程蔓延及其对策分析》《高中特色课程建设问题及对策》《如何在语文教学中培养批判性思维》) 其中 1 篇被《教育学文摘》收录，2 篇被中国社会科学网、国务院发展研究中心网站全文转载。指导师范生教育实践千人次，参与培训安徽省中小学教师。这些过往无论是成功还是收益，都将勉励我继续前行，做一名真正合格的人民教师！

在写完这本个人成长经历的书之时，我离退休还有五年多。从教三十多年，虽没有做出过杰出贡献，但平心而论，还算是对得起“教师”这个光荣而神圣的称谓。我一直以为，学生的成功就是当老师的最大的欣慰，实践中我也深刻地体会到这里的乐趣。很多的时候，过往数年教过的学生发来一条节日的问候，或者告知我他们成功的消息，对我来说就是最大的欣慰！人生不过短短的几十年，回忆过往，你觉得对得住自己所教授过的弟子，对得起自己的良心，对得起作为一名教师肩负的国家民族的责任，我想就足够了。人生有时候不要浓墨重彩，平平淡淡中书写人性的真、善、美就是人生最美的画卷。

二、对师范生成长的建议

荀子曾云，“国将兴，必贵师而重傅……国将衰，必贱师轻傅。”可见他把教师这个职业重要性上升到与国家兴衰紧密相连的高度之上。我国著名教育家张謇认为：“师范为教育之母”“兴学之本，唯有师范”。古往今来，教育历来是立国之本。师范乃人才之源泉，师范同时也是强国之摇篮。师范教育的重要性不言而喻，那么如何让一个初出茅庐的师范生最终成长为合格、优秀的人民教师呢？这里我提出如下建议。

1. 让最优秀的人从事教师职业

曾几何时，教师成为低收入、少眷顾的职业。记得我参加高考那一年，录取通知书下来去一个女同学家玩，她的父母刚好也是小学教师。这位女同学考上了中专，好像是经济类的一所学校。那个年代，高考录取还是统招、统分的时代，只要是录取了，不管是中专、大专还是本科，都由国家统一分配工作，享受干部身份。在这个女同学家里，闲聊之余，她母亲问我考了哪个学校，我颇有些骄傲地说考了安徽师范大学，那时候安徽师范大学在全省甚至全国还是蛮有名气的。我满以为她母亲会夸奖我一通，谁想到她母亲听完后笑笑说道，教师也不错，至少还有寒、暑假。至今我想起这个情节，都会觉得这个“也”字着实让我心疼，不过它的确反映了那个时代教师这个职业的真实情况。大学四年毕业后，很多同学都被分配回原籍做教师，我也回到出生地并顺利地成为一名小县城的中学教师。我清楚地记得，那时候我一个月工资是 189 元，加上学校两个班语文的课时费 20 多元，一个月大概也就 210 元的收入，那个时候红塔山香烟也要卖到 10 元一包，一个月生活开支节省着也得 150 元左右，所以很多年轻男教师不敢谈恋爱，简单来说就是谈不起。那个时代，很多的中学教师最终找了纺织女工，因为当时纺织女工月工资有 300—400 元。所以那个时候优秀教师流失现象严重，大部分人改弦更张去南方淘金。

随着社会的进步，我国的综合国力有了长足的提升。国家也采取了一系列的措施来保障教师师资队伍的建设。比如，公费师范生实施计划、提升教师的工资待遇等。这些政策短期内会起到一定的作用，但长期来看，我们要走的路还很长。公费师范生只是面向教育部直属几所师范大学，培养出来的优质教师生源也只能满足一部分地区的师资紧张问题，但中国这么大，面对广大基层的师资缺乏且能力不足的现状，我们又该如何解决？同时，公费师范生一度被称为免费师范生，这个举措其实还是稍显无奈，因为大众认知中免费的一般都不是有价值的。要想真正让教师成为社会中令人羡慕的职业，可能还需要同时考虑教师职业的尊重理解、待遇保障、个人发展、培训减负等方方面面的问题。当然，现在教师的待遇真正提高了不少，但待遇不是唯一解决教师质量的途径，充其量可以吸引部分优质生源报考师范院校的愿望。我常想，过去那么多年，教师待遇不是很高，不也照样出现了很多献身教育，把教育当作毕生的事业来做的名师吗？要真正让优秀的人从事教育，就要站在一定的高度上把教育当作民族振兴、国家富强的大事来做，根本上解决当下社会发展中教师职业所面临的问题，把对教师职业的尊重、学校的生态环境、教师的压力负担统筹考虑，让真正优秀的人能潜心教书育人，培养出国家社会需要的各种人才。

2. 打好专业教学的基础

教学不是一蹴而就的事，它一定是一个长期积累、反复思考的过程。年轻的教师要想取得专业教学的进步，形成自身的教学风格，内在的教学基础不容忽视。我从教三十年，执教中学语文教学十多年，在课程改革的当下，针对语文教学实践中本质与生成之变，我觉得语文教学可以从以下几个方面打基础、做思考。

“本质”一词来源西方现代哲学的本质主义，本质主义在科学主义盛行之风的指导下，认为人类文化和知识有一个共同的普遍的基础，相信这一基础通常是确定的、绝对的、永恒不变的真理，因而，本质主义的“本质”可以理解为基础主义、中心主义。与此相反，当代后现代主义哲学却主张反本质主义，宣扬一切事物的本质如若先存并作为真理存在的前提，就需要合法化的证明，因此，它反对“一切既成”，而主张“一切将成”的生成性思维方式。将两种思维延伸到课程建设上，本质主义认为课程是文化既定的、已然存在的真理，它本身有着一定的科学的知识体系和架构。因而，课程建设要以认同已在的文化现象为其逻辑起点和依据，来构筑其本体内容；生成性思维认为课程是一种始终处于变化的文化发展和创造的过程，它不是客观的文化知识载体，不是预先界定的，而是生成变化的。主张面对课程文化本身，重视过程，尊重偶然性、多元性和差异性，用关系的视角看待任何事物，用发展的眼光看待问题，摒弃简单化的思想，凸显事物的不确定性和复杂性。很显然，两者在课程改革理念上存在着“本质”与“生成”之争，语文新课改颁布实施的新课程标准也无不尽显这种生成性思维的特征。

（1）看语文的课程目标。以前的语文课程教学大纲往往都是从本质性思维的角度看待语文学科，对语文课“双基要求”比较重视。语文教学主要也是围绕语文的知识、基本技能来开展的。考察1956—1996年的语文教学大纲，都是着重强调语文的工具性，认为语文是学习和工作的基础工具。直到20世纪90年代《全日制普通高级中学语文教学大纲》才提出语文既是重要的交际工具，也是最重要的文化载体。2002年《全日制义务教育语文课程标准》在此基础上加上“工具性与人文性的统一，是语文课程的基本特点”。语文课程的目标定位在工具加人文。如果说语文学科的工具性是本质性思维的体现一点都不为过，因而工具性的实质就是学好祖国的语言文字，掌握汉语的基本词汇、语法、修辞和逻辑，学会书写好字和正确流畅地表达，这些就是我们常说的书面语言和口头语言，都有既定的知识体系和架构。难怪在中学有些语文教师为了中考、高考让自己所教的学生背成语字典，无非是想让他们的学生扩充既有的知识总量，考出理想的成绩。但他们忽略了语言本身就是变化发展的，在一定的时间甚至于一定的语境下，语言的丰富灵活性是不可能靠死记硬背就能搞得定的。增加了“人文性”突出了语文学习的过程性，因为人文性的形成绝对不可能是一蹴而就的，它需要在长时间的学习过程中积累沉淀，融入学习者的血液之中，方能内化成独特的价值观、审美观和情趣观，真正体现一个语文学习者的人文内涵。

新课程标准在语文课程的目标定位上强调三个维度，在知识技能、情感态度价值观的基础上加上了过程与方法的一个目标维度，无疑正是生成性思维的最好表现，因为不仅要实现工具性和人文性的目标相加，更为重要的可能还是实现目标的过程。诚然，语文学习本身的确是一个日积月累的过程，语文能力的形成也需要一些过程和方法，但过程和方法只是目标实现的手段，任何一个过程如果没有目标来限定，这样的过程是无意义的。同样，过分地强调手段和方法，势必忽视一定目标的达成，而语文学科的性质决定这门学科是必须要有相关的目标的，否则掌握不了一定的文字和审美的基础来空谈过程方法必然是海市蜃楼，对语文教学也会带来不小的危害。事实上，语文课程改革就遇到了这样的情况。很多的教学观摩课打着与学生互动交往的幌子，一味地走形式、搞方法上创新，结果是捡了芝麻丢了西瓜，一堂课表面上轰轰烈烈，到头来一问学生却不知道学到了什么。所以王荣生先生呼吁语文课应该姓“语”，不能耕了别人的田而荒了自己的地。我以为，不能只关注“生成”中的过程和方法，可能还要考虑语文学科自身的特点，以合适的过程和方法来实现相关的语文课程目标。现在情况是，语文课程教学中为了可以强调“生成”的过程，放弃了长期形成的读写训练，这与语文学科的性质是背道而驰的，没有一定的阅读储备，不做相关的写作训练，“生成”的过程和方法也只是镜中之花、水中之月，对语文学习是没有丝毫帮助的。

（2）教学内容。以前的语文教学内容是融入一定的课程体系的，具体来说在知识的学习过程中可以大致概括为“听、说、读、写”，教材的编写也围绕一定的单元知识来整合，这样的一种系统化结构，也便于学生在学习中理解记忆。而现在这种显性化的教学内容往往被认为是本质主义对语文教学内容的“固化”。新语文课程标准明显接受生成性思维的影响，以建构主义理论作为依据，知识化的语文教学被全面放逐，“不宜刻意追求语文知识的系统和完整”“不必进行系统、集中的语法修辞知识教学”“语法、修辞知识不作为考试内容”等无不表现了新课改的弱化语文知识教学的倾向。同时，依据生成性思维的“生成”意义，主张知识的“不确定性”，要求加强知识与生活联系以及它的生命意义。关于此，笔者曾在《教学与管理》（理论版）2009 年第 10 期上撰文，就语文教学岂能弱化语文知识谈了一些自己的看法。从语文课程的三个目标实现，以及认知心理学陈述性知识和程序性知识关系谈到了语文知识的重要性，在此不再赘述。我也感受到知识的确是自我建构的过程，但忽视建构的基础而片面地只注重建构的过程必然消解了建构的本身。同时，建构本身不是凭空产生的，学习者自身的知识积累，思维的反思都是建构的必备要素，试想，如果一个语文学习者连基本的文体知识都不知晓，也未曾阅读过大量的文学作品，更忽视了文学作品的时代意义，盲目地期待语文学习者建构所谓自己的文学作品感悟，基本上是不切实际的，很容易造成语文教学内容的为了“生成”而生成的结果。当下语文阅读教学甚至有人鼓励“误读”，认为这是学生建构知识、创新阅读最好的表现。于是，读《背影》读出父亲的违反交通规则，读《社戏》读出环保意识。如此这般，不胜枚举。表面上看是知识的自我建构、多元化解读，事实上，有些多元化的阅读违背了文本相关的语境，因而是毫无意义的。艾柯在《诠释与过度诠释》一书中说过：“从‘无限衍义’这一观念并不能得出诠释没有标准的结论，说诠释潜在的是无限的并不意味着诠释没有一个客观的对象，并不意味着它可以像水流一样毫无约束地任意蔓延”。在他看来，诠释不是无限的，文本的意义不该无休止地、不尽地繁衍。因此，语文教学内容不仅不能完全背离以理性思维建构的现代知识本质观，相反它仍然是我们认识和解释世界的重要方式和手段。同时，在教学内容的“生成”上也要依据文本的具体语境，不能让我们的生成成为无本之木、无源之水。

（3）教学过程。语文教学过程往往和方法相联系，本质主义思维认为语文是有相关的“字、词、句、语、修、逻”知识作为其主导内容的，因而掌握这些语文知识并学会运用也就成为语文教学的必然任务。传统的语文教学是以传授语文知识的讲授方法作为自己的主导，新课改似乎更注重学习方式的转变，把以前的讲授方法作为对立面来加以否定。于是乎，合作学习、研究性学习、对话教学一些新的名词冲击着我们的课堂，一段时间以来，如果语文课堂没有合作、研究、对话，就不够主流，就违背语文教学动态生成的规律。我以为，其实教学方法本身就各有各的优缺点，没有哪种放在四海皆准的教学方式。传统的讲授型教学方法虽比较刻板，缺少师生交流，但它的经济性、有效性是有目共睹的。如果我们单方面把这种传授方法理解为对课本知识的“传声筒”，其实也就从主观上否定了人的主观能动性。讲授并不意味着没有交流，没有互动，也并不意味着没有教师对阅读文本的再认知。再者，并不是所有的年龄段学生都可以合作、研究、交流，这些方法必须建立在有相应的语文知识储备的前提之下。方法不是固定的模式或流水式的机械运作，作为教学手段，无论是讲授还是探究，都是教学必不可少的可能性选择，至于何时选用哪一种手段，要根据具体的教学对象、学生在具体教学情境中的状态和可能遇到的发展目标来确定。单纯强调一种具体的方法的独尊地位，或者认为它是新课改与教学理念，甚至以此来否定别的方法存在的合理性，本身就是独断论和非此即彼的二元对立的思维模式。

针对每节语文课的设计，围绕“本质”与“生成”的内容，在教学设计上也应发生变化。以前的语文教学设计基本上是在教师理解课文基础上加以设计的，可以说是一种“预设”，新课程崇尚“生成”，因而反对预设。更有甚者，为了生成而生成，把好端端的语文课上成政治课、法制课等其他不像语文课的课。关于预设和生成的关系，赵小雅在《如何让预设和生成共精彩》一文中说过：“预设过度必然导致对生成的忽视，挤占生成的时间和空间；生成过多也必然影响预设目标的实现及教学计划的落实……我们特别强调，无论是预设还是生成，都要服从于有效的教学和学生的发展。”所以，没有预设的生成往往是盲目的，而没有生成的预设则又往往是僵化的。如果只是简单地把生成性教学理解为改造教学“预设”的方法，实际上是在教学中阻碍了教师的反思意识、反思能力的形成与提升，使他们沉溺于方法的迷醉和追逐之中。语文教学设计不可能没有预设，因为它是语文课教学目标的具体体现，是一节语文课重中之重，没有预设的语文课堂教学无异于没有目标的杂乱讨论，必然会导致课堂教学的随意化、游离化；同样，只有预设而忽视该生成的文本内容，也使得语文教学丧失它本来就有的拓展性和情趣性，导致语文课的枯燥、乏味，甚至丢弃了教学过程中最有意义和价值的延伸。我以为，语文教学设计中的预设只是一个开放的目标性框架，它有一定的限制作用，但绝对不是封闭的固化。在预设基础上常常会有一些等待开发的“留白”，这些“留白”就是生存的主要阵地，在预设前提下的生存才是合理地拓展，才对语文教学更有意义。

（4）教学评价。长期以来，在本质性思维指导下，语文教学评价受泰勒早期评价标准的影响，将评价解释为确定达到教育目标程度的过程，以实现实际表现与理想目标的比较，对于学生获得经验之后所做出的反思成果则几乎忽略不计。通常的方法也只是量化评价和终结性评价。像语文考试往往一考定效果、能力，造成教师为考而教，学生为考而学，造成了评价内容片面化（认知目标的达成）、评价的方式单一化（考试）以及评价的目的扭曲化（甄别和选拔）。这种现象至今依然存在。新课改注重形成性评价以及多元评价，它们往往更重视教学前或教学过程中对学生的学业状况进行观察、访谈、调查、对话评价，更多地关注评价主体、评价标准、评价内容的多元化。显然这是在生成性思维影响下所做的改变。当然，本质性思维指导下的终结性、量化评价方式已经给语文教学带来一些负面的影响，如语文教学为了考试不得不进行适应性的训练，肢解了完整的课文感知，把一些好端端的课文弄得支离破碎。同时，一张试卷定效果似乎也不能真实地评价出语文学习的效果。但是不是生成性思维形成性评价、多元性评价就一定是最佳的语文教学评价模式，这个问题值得思考。在社会公平机制尚未完全建立的基础之上，如果一味地强调生成性思维的多元化评价，是否会给一些不良之徒开后门提供良好的机遇？是否把两种评价结合起来更有助于公平公正的评价教学，但结合的最佳途径又是什么呢？还有，语文课程有该学科自身的特性，量化评价的确有很多不符合语文学科的性质，如情感态度价值观就不好以量化的方式来评价，但是否意味着我们就不要阅读训练，不要课文分析，用一篇作文直接衡量学生的语文学习水平呢？

最后，正如 S. 拉塞克和 G. 维迪努所说：“教育问题是如此复杂，以致它容不得半点简单化和僵化——改革的成功在很大程度上取决于能否把一些看起来相对立的品质辩证地结合起来。”语文课改必须摒弃两元论的思维方式，认真处理好“本质”和“生成”的关系，并结合语文课程的自身特点，不能用单向度简单化的思维来处理两者的关系，只有这样，我们的课改才能走向良性化的发展轨道。

3. 调整师范生培养课程体系

随着我国教育事业的迅速发展，教师在提高教育质量方面的作用以及师范生培养建设等方面越来越引起社会的关注。2011 年 11 月，教育部颁布了《教师教育课程标准（试行）》成为了师范院校教师教育课程的参照标准。

华东师范大学丁钢教授在《中国高等师范院校师范生培养状况调查与政策分析报告》中通过对全国 27 所师范院校师范生培养调查取样，对我国师范生培养课程教学提出来以下问题[1]：

（1）师范生培养方案教育类课程与学分相对较低，教育实践类课程学分占比较高，各类师范院校选修课程学分差异较大。传统的师范生教育类课程包含教育学、心理学、学科教学论和教育实践类课程，一些高校在此基础上增加了以选修课为主的教育类课程，诸如学科教材与教学分析、教育研究方法、教育技术学、教师口语、书法、班级管理、教师职业技能训练、教育史、教育政策、教育评价等专题性课程。但丁钢教授课题组研究发现，教育类课程设置并不构成师范生目前已有的教育专业素养的主要贡献者，教育实习和见习这些直接接触和介入实践的部分，至少被师范生自己认为扮演了重要的培育专业素养的角色。

（2）教育实习有助于师范生对于教学实践的理解和掌握，顶岗实习受到认可，但实习时间明显不足。在丁钢教授的调研报告中，有四分之一的师范生指出实习的最大问题是实际授课课时太少。2007 年教育部在《关于大力推进师范生实习支教工作的意见》中明确指出，高师院校要因地制宜地组织高年级师范生，到中小学进行不少于一学期的教育实习；2012 年，国务院在《关于加强教师队伍建设意见》中也明确提出加强教师养成教育和教育教学能力训练，落实师范生教育实践不少于一学期的制度。教育实习对师范生培养的重要性已达成共识，但是由于实习时间不足、实习经费支持不足，以及实习基地共建不足等相关因素，师范生实习一学期的制度还未能达到既定目标。

针对上述存在的问题，丁钢教授在其政策建议中明确表示，要加强教育类课程的实用价值和实践性，从课程内容和教学上加强师范生教育专业素养的培养。指出作为一种有明确的职业指向的教育，高等师范院校提供的教育服务更大的隐忧可能恰恰是“务实”不够，从而大大削弱了为未来教师所做的准备的针对性，并进一步

[1] 丁钢等：《中国高等师范院校师范生培养状况调查与政策分析报告》，上海：华东师范大学出版社，2014 年。

提醒高等师范院校在未来的课程和教学改革中，可能仍需在两个方面做出努力：一是加强实践性课程（教育实习与见习，或其他诸如微格教学等形式的课程）比例；二是加强现有的教育类学术课程的实践性，从课程内容和教学上加强与师范生未来教育工作的联系，使课程更好地培育师范生的教育专业素养。

丁钢教授的提议非常具有前瞻性，从多年的师范生教育教学实践经历中，我也深刻地感受到加强教育类课程的实用价值的重要性。比如，我在给师范生教授《课程教学论》这门学科时，就融入了相关实用性课堂教学，往往一个学期我会预留6—8个课时让同学模拟课堂。当然课前会让学生写好教学设计，准备10分钟模拟课堂教学，主要是为了学生将来拿教师资格证面试和职场应聘提前准备。我在教授这门专业教育课程时，还融合了自己从教中小学教学的经历和案例，师范生喜欢这些贴近实践的课程。每次让他们报名参加10分钟模拟课堂，大部分同学都很踊跃，而参加的同学不足10人，为了使其他落选同学不至于心灰意冷，我又专门设置评委数人，让大家在每位同学上完10分钟模拟课后认真评课，这样上课与不上课的同学通过这门课程实践的学习，都可以基本掌握一节课的基本设计和思路，也锻炼了他们的临场发挥水平，效果自然出乎意料。

4. 完善教师进修制度

教师成长不可能是一个静止的一蹴而就的过程，它一定是一个动态的可持续发展的过程。目前我国教师培训主要有职前和职后两种形式，职前培训主要是师范院校培养教师的教育教学过程，而职后培训主要指在职教师参与进修的一种模式。教师进修看似是个简单有效的做法，可是实际操作过程中还是遇到这样那样的问题。最常见的可能涉及进修的时间、经费以及方式上。

（1）经费上的问题。一般情况下中小学都是鼓励教师参加各种教师进修的，尤其是学历提升这种硬性的要求。虽没有达到高校“非升即走”这样的状况，但教师的学历提升的确有助于学校的师资建设，有助于提高学校的教育教学水平。可现实中，教师进修却面临着经费来源的一道屏障。记得2000年我参加全国教育硕士统考，当时学校领导提出参加考试可以，但必须回来服务，同时学费自己垫付，回来服务再报销。教师在与学校协商过程中其实处于弱势，但是求学的心态却是真诚的，没有办法只能服从安排。教师进修的学费有时候不是小数额，教师本身要养家糊口，满足基本物质需求，如果完全由教师自己垫付学费，估计会伤害了教师积极向上的心态，会从心理上产生抵触，大不了从众混日子，这样的管理模式其实也不利于学校的发展。还有些学校则采取欺骗的方式，让教师自己掏钱垫付，回学校服务一定年限再报销，但报销的时间一直遥遥无期，直至教师筋疲力尽、再无心追问报销之事为止。所以，教师进修这个问题必须引起学校主要领导的重视才能解决经费、时间等一系列问题。

（2）时间也是需要考虑的一个要素。很多中小学教师都是“一个萝卜一个坑”，学校同意教师去参加进修必定需要另一个教师来顶这个“坑”，因此，如果一所学校一个学年有多个教师参加学历进修，在一定程度上会给该校的正常教学秩序带来不小的冲击。于是顶岗实习应运而生，实习生顶岗置换在职教师去进修，看似是一个不错的解决问题的方法，但实际上要面对教学质量的风险，因为实习生毕竟刚走向教师岗位，他们是不是真的能够胜任顶岗的要求，还是需要时间来验证的。因而，好的学校可能会提前做规划，分批次安排教师参加学历进修，这样既不耽误学校的正常教学工作，也为学校的长远发展、提升师资打下一个良好的基础。

目前职后进修很大程度上都是依赖于寒、暑假教师的继续教育，且这些继续教育的学时都必须完成，否则将会影响个人每个学期核定的继续教育学时，进而影响教师职称晋升。我个人从教的经历觉得教师寒、暑假继续教育虽然每年都有，但真正起到明显效果的却凤毛麟角。主要原因是网络提供的学习平台内容比较繁杂，有些地方性的继续教育缺乏权威教育专家指导，走过场的状况有所存在。加上个别教师敷衍态度明显，继续教育混学分的现象也普遍存在。其实，职后教育对教师后续的成长有着重要的意义，个人觉得各个地区教育主管部门可以就继续教育设立专门平台，聘请各学科相关专家，按照学科特点、职业要素、规划成长、心理健康、管理领导等诸多方面设立继续教育课程，让各科老师能够依照自己学科特点、角色定位选择自己的职后教育。尤其在教师职业压力倍增的今天，更要做好教师心理健康继续教育，这样可以帮助教师学会基本的解压和舒缓的能力，也有助于教师在面对职业倦怠时可以适时做出心理疏导，稳定情绪，更好地为教书育人服务。

5. 宽松、人文的育人环境

一所学校教师能否健康有序地成长，很大程度上与这个学校的教书育人环境有着千丝万缕的联系。宽松、人文的育人环境有助于充分调动学校教师的积极性和参与性，真正形成一个良性的学习、工作共同体。

曾经有位领导在学院绩效分配方案中对教师讲到，各位教师不要以为你和学校是什么关系，其实说白了就是雇佣关系。我不敢苟同这位领导给教师的定位。首先，我认为这位领导贬低了人民教师的光荣称号。什么是雇佣关系，简单地说就是你出钱我干活。教师如果仅仅把自己的职业当作是谋生的手段，那恰恰表明他已经不具备教师的基本职业道德。教师不仅是靠工作领取合法的工资收入，更多的时候还要胸怀大局、乐于奉献，把自己的工作上升到为国家、民族培养健康、合格的下一代这个层面，如果仅把自己的工作当作是和学校的雇佣关系，那么他至少在格局上不胜任人民教师这样的称号。其次，这种雇佣关系潜意识就是官僚思想，教师和单位的关系简单表述为雇佣关系，其实也就是摆明了把自己放在雇主一方，明确了自己是老板的这一身份。领导也好，教师也罢，如果管理者仅从权力的角度考虑问题，很难做到真正的人性化管理，也不利于一个集体的愿景共识的达成。所以，宽松、人文的育人环境不是靠一个两个人努力就能达到，它需要团体全体成员一起努力，从物质和精神两个层面来落实。

物质环境的建设比精神环境建设要容易一些，只要是学校有充足的经济基础、良好的构思、文化的内涵，基本上都可以形成学校自己的物质文化环境。但要真正让学校物质环境形成良性的育人氛围，却不是简单的高楼大厦所能决定的。我在南京师范大学读博的几年里，被宁海路老校区古色古香、充满历史感的校园深深吸引，尤其校园芳草茵茵、林木葱郁，建筑雕梁画栋古朴典雅，九曲长廊曲径通幽，古树名木枝繁叶茂，与百年历史相辉映。

校园景观如诗如画，被誉为“东方最美丽的校园”。在这样的校园里生活、读书何尝不是一种享受呢？同样来到百年办学历史的韩山师范学院，最初吸引我的倒不是学校的高楼大厦，恰恰是通往西区校园的上山之路。那是一条完全用青石块堆砌的近似远古的路，又因年代久远，那些普普通通的青石块已经在人们行走的足迹中被磨得光滑、平整，虽不利于车辆通行，但也的确能感受到一丝历史的厚重。走在这条青石块路上，你就会感受到百年韩师的沧桑、厚重，也同样可以见证人来人往的数不清的韩师人奋斗的历程。那一刻或许你真的就能感受到学校保留这条青石块路的真正意图。无独有偶，我在韩国又松大学也遇到了相似的境况，又松大学有一块黄泥巴操场，与周遭现代化的教学大楼似乎很不匹配，后来几经周折才打听到学校保留这块超原始的操场就是要让它见证又松大学发展历程。

比起物质环境，一所学校的精神文化环境似乎更为重要。良好的精神文化一定是让学校的成员由衷地感受到“家”的温暖和包容，它直接影响师生之间的情感、身心和工作。它不是雇佣关系，相反，它是组织成员在共同愿景下相互合作的状态，体现了人与人之间的人文关怀。

疫情防控期间因为交通不便，我在安徽老家上了一个学期的网课，待新学期重返校园，我惊奇地发现，学校在校园主干道旁设置了很多的水龙头和洗手池。虽然这只是一个微小的变化，但体现了学校关注师生健康、积极抗疫的精神，是为“勤洗手”提供方便的最好的佐证。同样的南京师范大学随园校区食堂，都有一个专门开设的窗口，即“少数民族窗口”。虽然只是一个小小的窗口，却体现了南师大后勤服务的细致和热忱，为少数民族同学们提供了便捷、温暖的服务。

宽松、人文的育人环境有利于师生创造性思维的培育。宽松的环境更容易激发人的思维活跃性。尽管人们常说，压力越大，动力越大。殊不知，压力过大时也会变相抑制人的思维，而这个时候宽松和谐的环境似乎更利于人们的思考。美国施乐帕洛阿尔托研究中心成立于1970年，在20世纪70年代中期，世界顶尖的100名计算机科学家中，一大半都在该中心工作。帕洛阿尔托研究中心在技术创新上取得了瞩目的成就，是什么造就了如此巨大的成就呢？除了外在需求、内部人才等以外，罗伯特·泰勒的管理风格也起了很大的作用。他认为宽松的管理体系更有利于技术创新。为此，他鼓励中心的研究人员自由地进行技术信息交换，他们的会议室放着舒适的豆袋椅（以小球填充的椅子），墙上钉着中国的木条，长发、拖鞋、T恤、牛仔裤是研究人员的标志性装束。该研究中心自由宽松、等级不明显，资源却非常丰富。

由此可以看出，常规组织架构中教条主义及科层管理模式不适合人们思维的批判与创新。课堂教学情境也是如此，如果教学情境设计得更为人性化，课堂上师生之间的关系更为亲和，总之教学情境更为友好，当然更有利于学生思维的培育和提高。

结 语

把这本近似回忆录的成长经历写完，我也即将步入退休的年纪了。当下正处在学校变革的时代，各种思潮充斥着校园每个角落，连原本最为单纯的师生关系也似乎有点变味。商品经济冲击、社会对教师的要求、教师与学生思维方式的变化，无不对新时代教师形象提出全新要求。加之近些年来，教师有偿家教、学校乱收费、个别教师侵害学生利益的案例被媒体刻意宣传，导致社会上很多人对教师这个形象持质疑态度。每到此时，我都会想，在我求学的那个时代，物质条件远没有今天这么丰富，为什么会出现那么多兢兢业业、乐于奉献的良师益友呢？那个时代也没有把师德、师风当作首要任务来强调，为什么那个时代的教师却把师德、师风当作是为人之师的基本条件来弘扬？

也许正是这些问题促使我回忆这么多年来求学、从教的经历，希望就个人的经历和经验给未来的人民教师提供一点相关的、有用的经验来借鉴。我不敢保证我的经历就是每个人成长必备的条件，且每个人禀赋和机遇各不相同，不可能走完全相同的路径，倘使未来的人民教师可以从中得到一些收益，那就真的达到了我撰写此书的最终目的。

我要感谢那些陪我成长、给我启迪的良师益友：小学班主任郭一飞，中学教师秦毓玲、徐力，大学的教师徐成钢、吴文、梅运生、余恕成、刘学锴等，硕士阶段的教师倪三好、何更生，还有博士阶段的恩师李如密、吴永军等，南京师大教科院所有教师，当然也要感谢工作后遇见的好领导孙良校长、甘瑞瑗女士还有韩山师范学院幸小涛书记、陈树思校长、郑耿忠副校长、人事处吴斌处长、教育学院王贵林院长、陈浩庆书记，还有我的文学院校友周录祥院长等。感谢伴我成长的小伙伴，王志华、孙东海、叶春根、董少权、刘玮、郜德水、吴志华等，从他们身上我学会了友爱合作、真诚坦荡。还有我的妻子周敏女士，每每在人生最艰难的时刻，她始终如一陪伴在我的左右，也许正是由于她的默默付出，才给予了我战胜困难的勇气和信心。在此我想真诚地向上述各位乃至其他默默帮助过我的所有人由衷地说一声：谢谢！

在我即将完成书稿时，高中教过的几位失去联系的学生居然费尽周折联系上我，应他们邀请，我们再一次得以相聚，席间大家回忆起高中时期的许多有趣的往事，仿佛又让我回到了二十多年前。也许这就是人生中最值得回味的时光，他们有的已经博士毕业，有的是医学界高手，还有的在政界、商界干得风生水起，作为他们曾经的老师，看到他们的成就，也许就是最大的幸福了。

说不上一辈子为教育奉献，但我这一辈子的确只做了与教育有关的相关工作，做了一辈子的教师。如果让我总结三十多年来对教育的真实感悟，我觉得教育可以用这样一句话概括：教育就是使学生良善最大化，使学生潜能最大化。其中教育的成功与否很大部分取决于我们的教师。而教师不仅是一份工作、一个职业，它更多则是“捧着一颗心来，不带半根草去”的奉献者，是用真诚的爱与关怀感化每一个幼小心灵的天使。没有奉献和爱，没有真诚和感化，教育一定是没有生命力的，这就是我从教三十多年来真切的感受。

参考文献

[1] 丁钢等 . 中国高等师范院校师范生培养状况调查与政策分析报告 [M]. 上海：华东师范大学出版社，2014.

[2] 瞿葆奎 . 教育学文集 · 教师 [M]. 北京：人民教育出版社，1991.

[3] 董静 . 课程变革视域下的教师专业发展 [M]. 北京：中央编译出版社，2013.

[4] 桑国元、郑立平、李进成 . 教师的核心素养 [M]. 北京：北京师范大学出版集团，2017.

[5] 李茵 . 教师眼中的教育专长：内隐理论取向的研究 [M]. 北京：教育科学出版社，2008.

[6] 连榕 . 教师专业发展 [M]. 北京：高等教育出版社，2007.

[7] 鱼霞 . 反思型教师的成长机制探新 [M]. 北京：教育科学出版社，2007.

[8] 麦克伊万 . 培养造就优秀教师 [M]. 胡荣堃，译 . 北京：北京师范大学出版社，2007.

[9] 阿兰 · 柯林斯，理查德 · 哈尔弗森 . 技术时代重新思考教育 [M]. 陈家刚，程佳铭，译 . 上海：华东师范大学出版社，2013.

[10] 郑金洲 . 中国教育学 60 年（1949—2009）[M]. 上海：华东师范大学出版社，2009.

[11] 欧阳荣华 . 教育学 [M]. 北京：中国人民大学出版社，2007.

[12] 石中英 . 穿越教育概念的丛林 [M]. 北京：教育科学出版社，2019.

[13] 肖恩 · 加拉格尔 . 解释学与教育 [M]. 张光陆，译 . 上海：华东师范大学出版社，2009.

[14] 罗伯特 · G. 欧文斯 . 教育组织行为学 [M]. 窦卫霖，温建平，译 . 北京：中国人民大学出版社，2007.

[15] 袁振国 . 教育性概念 [M]. 北京：教育科学出版社，2007.
[16] 施良方 . 学习论 [M]. 北京：人民教育出版社，1994.
[17] 安德烈・焦尔当 . 学习的本质 [M]. 杭零，译 . 上海：华东师范大学出版社，2015.
[18] 科林・兰克希尔，米希尔・诺贝尔 . 教师研究：从设计到实施 [M]. 刘丽，译 . 北京：北京师范大学出版社，2007.
[19] 汪霞 . 课程研究：现代与后现代 [M]. 上海：上海科技教育出版社，2003.
[20] 佐藤学 . 课程与教师 [M]. 钟启泉，译 . 北京：教育科学出版社，2003.
[21] 林崇德 . 教育为的是学生发展 [M]. 北京：北京师范大学出版社，2006.
[22] 单文经 . 教学引论 [M]. 上海：上海科技教育出版社，2003.
[23] 马克斯・范梅南 . 教学机智——教育智慧的意蕴 [M]. 李树英，译 . 北京：教育科学出版社，2001.
[24] 余文森 . 从有效教学走向卓越教学 [M]. 上海：华东师范大学出版社，2015.
[25] 盛群力 . 教学设计 [M]. 北京：高等教育出版社，2005.
[26] 崔允漷 . 有效教学 [M]. 上海：华东师范大学出版社，2009.
[27] 林崇德 .21 世纪学生发展核心素养研究 [M]. 北京：北京师范大学出版集团，2016.
[28] 郑燕祥 . 教育范式转变效能保证 [M]. 上海：上海教育出版社，2006.
[29] 黄志成 . 西方教育思想的轨迹 [M]. 上海：华东师范大学出版社，2008.
[30] 塞缪尔・亨廷顿 . 文明的冲突 [M]. 北京：新华出版社，2017.
[31] 冯茁 . 教育场域中的对话——基于教师视角的哲学解释学研究 [M]. 北京：教育科学出版社，2011.
[32] D.C. 菲利普斯，乔纳斯・F. 索尔蒂斯・学习的视界 [M]. 北京：教育科学出版社，2006.
[33] 加里・D. 芬斯特马赫，乔纳斯・F. 索尔蒂斯 . 教学的方法 [M]. 胡咏梅，等译 . 北京：教育科学出版社，2008.
[34] 钟启泉，杨明全 . 教育的发现——钟启泉教育思想访谈录 [M]. 北京：中国人民大学出版社，2009.
[35] 靳玉乐，易连云 . 教育基本理论问题专题研究 [M]. 重庆：西南大学出版社，2012.
[36] 冯建军 . 生命与教育 [M]. 北京：教育科学出版社，2007.
[37] 玛莎・努斯鲍姆 . 告别功利 [M]. 北京：新华出版社，2010.

[38] 钟启泉 . 学校的变革 [M]. 上海：华东师范大学出版社，2019.
[39] 于漪，黄音 . 穿行于基础教育森林——教育实践沉思对话录 [M]. 上海：华东师范大学出版社，2019.
[40] 李吉林等 . 教师自我突围的秘诀——36 位名师的专业成长经验 [M]. 上海：华东师范大学出版社，2019.
[41] 李政涛 . 教育与永恒 [M]. 上海：华东师范大学出版社，2019.
[42] 马克斯・范梅南，李树英 . 教育的情调 [M]. 北京：教育科学出版社，2019.
[43] 郑钢 . 美国如何培养核心素养——走进美国校园与课堂 [M]. 上海：华东师范大学出版社，2018.
[44] 林恩・埃里克森，洛伊斯・兰宁 . 以概念为本的课程与教学：培养核心素养的绝佳实践 [M]. 鲁效孔，译 . 上海：华东师范大学出版社，2018.
[45] 余文森 . 核心素养导向的课堂教学 [M]. 上海：上海教育出版社，2017.
[46] 肖思汉，雷浩 . 基于核心素养的课程建构 [M]. 上海：华东师范大学出版社，2018.
[47] 托德・威特克尔等 . 你的第一年：新教师如何生存和发展 [M]. 顿小慧，韩小宁，刘白玉，译 . 北京：中国青年出版社，2018.
[48] 格兰特・威金斯，杰伊・麦克泰格 . 追求理解的教学设计 [M]. 上海：华东师范大学出版社，2017.
[49] 王金涛 . 班主任师德师风建设培训的现状分析 [J]. 学校党建与思想教育，2015（11）:71–72.
[50] 宋磊 . 造就党和人民满意的高素质专业化创新型教师队伍 [J]. 中国高等教育，2019（23）:29–31.
[51] 张苗苗 . 习近平关于教书育人的重要命题 [J]. 思想教育研究，2019（4）:55–58.
[52] 张晓能 . 新时期师德师风建设的路径 [J]. 中学政治教学参考，2019（10）:1,4.
[53] 李顺江 . 加强师德师风建设提高教师队伍素质 [J]. 中国教育学刊，2018（S1）:208–210.
[54] 罗来金 . 新时代教师之责任、使命与风范 [J]. 人民教育，2019（23）:66–69.
[55] 程红菲 . 立德树人背景下的师德要素研究 [J]. 教学与管理，2019（3）:60–62.
[56] 王定华 . 开启新时代教师队伍建设新征程 [J]. 中国教育学刊，2017（12）:1–2.
[57] 邓如涛 . 师德师风建设探析 [J]. 中学政治教学参考，2018（10）:95–96.
[58] 赵婧，王光明 . 新时代学校制度文化建设探赜——基于教师核心素养和能力发展的导向 [J]. 教育理论与实践，2019（25）:23–26.

[59] 郝峰，刘一泽 . 教师专业发展中审美教育的逻辑与路径 [J]. 教学与管理，2019（12）:58-61.
[60] 孙兴华，薛玥，武丽莎 . 未来教师专业发展图像：欧盟与美国教师核心素养的启示 [J]. 教育科学研究，2019（11）:87-92.
[61] 王潇晨，张善超 . 教师核心素养的框架、内涵与特征 [J]. 教学与管理，2020（1）:8-11.
[62] 王光明，黄蔚，吴立宝，等 . 教师核心素养和能力双螺旋结构模型 [J]. 课程・教材・教法，2019（9）:132-138.
[63] 鲁小莉，李娜，鲍建生 . 解读教师专业素养——基于专家教师和教研员的视角 [J]. 基础教育，2020（4）:61-67.
[64] 印小青 . 论教师专业成长 [J]. 山东师范大学学报，2005（5）:158.
[65] 李祚山 . 教师素质结构的内隐观研究 [J]. 教育探索，2005（9）:107-109.
[66] 石亚兵，刘君玲 . 我国中小学教师专业素质结构发展的特征和演变逻辑 [J]. 全球教育展望，2019（3）:92-106.
[67] 杨琼 . 教师素质结构研究综述 [J]. 教学与管理，2004（10）:34-35.
[68] 谢玉坤，刘径言 . 国际视野下的教师合作研究 [J]. 黑龙江高教研究，2010（6）:65-67
[69] 官卫星 . 教师专业化视野下高师语文教育专业教育与基础教育对接的实践与探索 [J]. 中国成人教育，2012（23）:142-144.
[70] 王慧，付东辉 . 师范生职业技能培养体系的构建 [J]. 中国成人教育，2012（2）:35-37.
[71] 李学杰 . 课程改革背景下教师职业能力运用调查与培育策略 [J]. 教育与职业，2013（8）:66-68.
[72] 龙琪 . 教师教育专业化背景下职前教师培养中的两难现象 [J]. 教育理论与实践，2013（32）:32-37.
[73] 李敏 . 基于核心素养的教师职业技能培育模式研究 [J]. 中州大学学报，2019（5）:105-108.
[74] 李壮成 . 教师作为促进者的角色的内涵与实现路径 [J]. 教育探索，2010（8）:96-98.
[75] 车丽丽，王凌皓 . 论先秦儒家的师生友朋思想 [J]. 教育研究，2011（8）：98-102.
[76] 冯仰存，钟微，任友群 . 美国国家教师教育技术新标准解读与比较研究 [J]. 现

代教育技术，2018（11）:19–25.

[77] 朱宁波，崔慧丽 . 新时代背景下教师品质提升的要素和路径选择 [J]. 教育科学，2018（6）:49–54.

[78] 余玲 . 教育信息化背景下中小学教师信息素养及其培养 [J]. 教学与管理，2019（6）:68–71.

[79] 杨启亮 . 教师培养的国际视野和本土化实践 [J]. 教育发展研究，2010（24）:1–6.

[80] 湛启标 . 国际视野中的合作伙伴教师教育：理念、模式与启示 [J]. 河北师范大学学报，2009（8）:63–67.

[81] 何齐宗 . 全球视野的教师理念——联合国教科文组织教育文献研究之一 [J]. 高等教育研究，2008（1）:58–64.

[82] 王文君，王卫军 . 国际视野下的教师信息化教学能力趋向 [J]. 电化教育研究，2012（6）:112–116.

[83] 陈德云 . 国际视野下的教师专业标准述要 [J]. 教育科学研究，2010（8）:72–76.

[84] 傅淳华，杨小兰，邵珮翔 . 教师国际流动经验的域外视野 [J]. 比较教育研究，2020（1）:74–80.

[85] 徐雄伟 . 国际比较视野中的在职教师培训模式探索 [J]. 外国中小学教育，2013（5）:32–36.

[86] 周艳华 . 教育国际化视角下教师文化建设的思考 [J]. 学校党建与思想教育，2011（4）:37–38.

[87] 赵丽，熊建辉 . 全球视野中的教师教育改革与教师专业发展——国际教师教育论坛综述 [J]. 中小学教师培训，2006（1）:63–64.

[88] 陈时见 . 国际视野下中国教师教育的变革方向 [J]. 全球教育展望，2009（5）:29–33.

[89] 吉标 . 走向协同教学：课程与教学改革的时代呼唤 [J]. 课程・教材・教法，2020（4）:38–45.

[90] 崔允漷，郑东辉 . 论指向专业发展的教师合作 [J]. 教育研究，2008（6）:78–83.

[91] 徐君伟，左林华 . 同伴指导对我国教研组制度建设的启示浅析 [J]. 中国教育学刊，2012（6）:47–48.